爆款文案策划

杨不悔　李广顺　梦芝　编著

新媒体营销宝典

化学工业出版社
·北京·

U0359845

内容简介

随着互联网时代的到来，传统媒体一家独大的局面已经一去不返，新媒体应运而生。在飞速发展的时代，即使是新媒体也会面临剧烈变革。在这样的大背景下，我们应该怎样定义发展变动中的新媒体？怎样编写新媒体文案才能迅速提升营销能力，才能挖掘出新媒体的价值并将它最大化？那些站在新媒体前沿的领军人物又是怎样通过编写金牌文案实现新媒体战略转型的？本书以专业的知识和生动的案例，深入浅出地分析新媒体文案的构思和创作，手把手教你写新媒体文案，并展示那些新媒体领军人物实现新媒体战略转型的翔实案例，供读者参考。

图书在版编目（CIP）数据

爆款文案策划：新媒体营销宝典/杨不悔，李广顺，梦芝编著．—北京：化学工业出版社，2021.4
ISBN 978-7-122-38510-9

Ⅰ.①爆… Ⅱ.①杨…②李…③梦… Ⅲ.①网络营销 Ⅳ.①F713.365.2

中国版本图书馆 CIP 数据核字（2021）第 028281 号

责任编辑：高　震　　　　　　　　文字编辑：刘　璐　陈小滔
责任校对：王鹏飞　　　　　　　　装帧设计：张　辉

出版发行：化学工业出版社（北京市东城区青年湖南街 13 号　邮政编码 100011）
印　　刷：北京京华铭诚工贸有限公司
装　　订：三河市振勇印装有限公司
710mm×1000mm　1/16　印张 12½　字数 192 千字　2021 年 8 月北京第 1 版第 1 次印刷

购书咨询：010-64518888　　　　　售后服务：010-64518899
网　　址：http://www.cip.com.cn

凡购买本书，如有缺损质量问题，本社销售中心负责调换。

定　　价：58.00 元

在新媒体时代，销售渠道不再单一，有很多平台可供人们去做营销。每个平台都可能聚集着无数流量，一句好的文案能够吸引很多流量，就可能使产品实现更大销量。

那么，怎样才能写出好的文案呢？

当你还是一个写文案新手时，很多人会告诉你要多想、多看、多写。这完全是中学课堂上语文老师的话，但语文老师每天说一百遍，我们也不一定写出一篇好作文，而同样的，身边的人这样说一百遍，我们也不一定写出一篇好文案。

那么，只有专业的文案人员才能写出创意十足的好文案吗？让我来告诉你：不是的！

事实上，文案策划和编写是有技巧的，只要掌握了这些技巧，即使你是一个新手，也能迅速写出好的文案；即使你没有灵感，也能写出爆款文案。但这些技巧并不只有通过多想、多看、多写才能获得，它需要有人告诉你，就好像再聪明的学生也需要良师的指导和点拨一样。

《爆款文案策划：新媒体营销宝典》一书从最基本的搜集资料入手，细致地讲解文案的构思、立意和编写过程，内容扎实，表达明晰，让读者一目了然。即使你没有任何写作功底，通过阅读本书，也能写出吸纳流量的文案。

在营销界流传着这样一句话：不以用户下单为目的的好文案都是浪费流量。所以文案不但要好，还要有引导性，让用户不知不觉中购买你的产品，这才算得上一篇金牌文案。

那么，怎样写出一篇具有吸引力的金牌文案呢？笔者以几十篇金牌文案为例，详细地剖析它们的构架和要素，并直达这些金牌文案的灵魂。通过剖析，我们能够掌握每一种金牌文案的写作思路，并学会更多文案创作方法。

由于笔者水平所限，书中难免存在疏漏之处，敬请读者批评指正。

编著者

目 录
CONTENTS

第一章
新媒体时代，好文案就是销售的助推器

第一节　什么是新媒体

提到新媒体，我们可能会想到一连串的关键词：微博、微信、博客、手机、App等。到底什么是新媒体，我们可能没有一个清晰的定义。

"新媒体"这个词语，是英文"New Media"的直接翻译。新媒体作为传播媒介的一个专有术语，最早是由美国人P. 戈尔德马克提出的。1967年，P. 戈尔德马克发表了一份关于开发电子录像商品的计划，在这个计划里他第一次提出了"新媒体"的概念。1969年，美国传播政策总统特别委员会主席E. 罗斯托向当时的美国总统尼克松提交的报告书中，也多处使用了"New Media"。从那以后，新媒体这个词语开始在美国社会流行，并逐渐成为全世界的热门话题。

美国《连线》杂志认为，新媒体最明显的特征是"人对人的传播"。传统媒体对传播者和受众有严格的划分，而对于新媒体来说，每个人既可以是接受者，也可以是传播者。

我们可以把新媒体理解为一种新兴的媒体，它是以网络数字技术及移动通信技术为基础，利用无线通信网、互联网等传播渠道，结合手机、PC（个人计算机）等设备作为输出终端，向用户提供文字图片、音频、视频等合成信息及服务的新型传播形式与手段的总称。

一、新媒体的概念

新媒体是利用数字技术，通过计算机网络、无线通信网、卫星等渠道，以及电脑、手机、数字电视机等终端，向用户提供信息和服务的传播形态。从空间上来看，新媒体特指当下与传统媒体相对应的、以数字压缩和无线网络技术为支撑的、利用其大容量、实时性和交互性的、可以跨越地理界线最终得以实现全球化的媒体。

联合国教科文组织给新媒体下的定义是：以数字技术为基础，以网络为载体进行信息传播的媒介。

对于新媒体的定义，学者们可谓众说纷纭。总的来说，新媒体就是能对大众同时提供个性化内容的媒体，是传播者和接受者可以同时进行个性化交流的媒体。

二、新媒体的发展历程

根据新媒体使用主体及受众群体的变化，新媒体的发展历程可以分为以下三个阶段。

（1）精英媒体阶段。新媒体诞生之初，仅有少数团体有机会接触并使用新媒体传播信息，这部分人多数是媒体领域的专业人士，具有较高的文化素质，因此这一时期是精英媒体阶段。

（2）大众媒体阶段。随着新媒体发展并得到普及，其发展历程就进入了大众媒体阶段。如今，以手机等移动媒体为主的新媒体已被广大受众所使用，利用新媒体传递信息也成为信息传播的一种常态。

（3）个人媒体阶段。伴随着新媒体技术的不断发展与普及，一些具备媒体特长的个体开始通过网络来发表自己的观点，通过网络平台展示给受众，这是个人媒体阶段到来的一个标志。

三、新媒体的特性

新媒体的核心价值是具有传播性。新媒体促进了电商平台商品的流通，加速了创意设计平台作品的展示与交流，加快了作品以及文章内容等的传播。

（1）信息发布即时性。新媒体的即时性，网民的积极参与，尤其是第二代互联网（Web2.0）时代下用户内容原创（UGC）模式的出现，进一步发挥了互联网在即时传播上的特色。

（2）互动性。新媒体改变了单一的信息发布模式，每个受众都可以随时随地发布信息，并与受众互动。传、受双方不再固定，而是可以随时进行角色互换。

（3）传播内容个性化。新媒体是一个基于用户个人建立起来的双向交流系统，它提供的个性化信息服务可使信息的传播者针对不同的受众提供个性化服务。

（4）传播形式更具融合性。新媒体在信息的传播方面，打破了传统媒体单一的信息呈现形式，在一个平台上，实现了受众在读者、听众、观众之间的融合。

四、新媒体主流平台

根据层次和重要性，可以把当前新媒体主流平台划分为三个阵营，如图1-1所示。

1. 第一阵营新媒体平台

（1）直播平台。信息披露直播，通过网络直播做信息披露，可以超越地域的限制，获得更多的品牌曝光机会。网红代言直播，通过网红在直播中的推荐，通过平台直接吸引用户。专家、客服直播，这种直播形式可以提高用户活跃度，还能为用户提供实时在线的精准服务，从而产生更大的用户黏性，提高用户忠诚度。

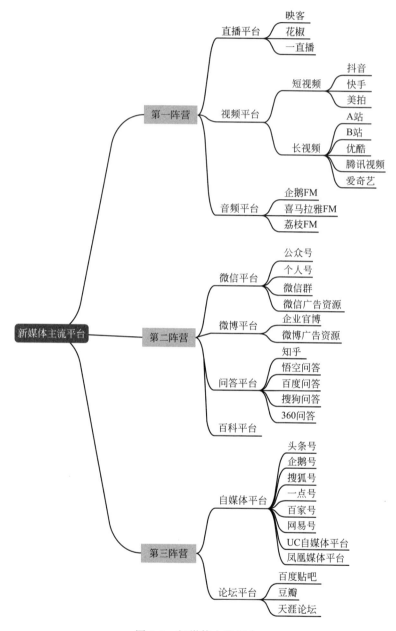

图 1-1　新媒体主流平台

　　（2）视频平台。基于视频平台开展营销活动，比如有奖视频创作大赛，鼓励网友原创并分享。内容营销，把平台或产品包装成内容，也就是用原生广告形式进行营销活动。展现品牌文化，品牌公司可以通过视频平台充分展示品牌文化，比如可以拍摄制作公司团建活动视频等。

（3）音频平台。搭建音频自媒体，品牌直接进入音频平台，建立自己的音频自媒体，然后配合媒体宣传造势。音频内容中植入广告，选取目标受众集中的音频节目，进行直接的广告植入。

2. 第二阵营新媒体平台

（1）微信平台。自媒体创作者根据自己的兴趣，在擅长的领域进行内容创作，展开账号运营。比如擅长写故事的写手，可以运营一个故事号，吸引读者产生流量。纯粹卖货号，这个和微店的性质差不多，可以做一定的品牌宣传。品牌号，一些大公司的微信公众号，可能不销售也不做客户维护，而是专门作为品牌宣传的窗口。微信公众号已经成为数据库营销的主战场，一些带有实体性质的企业，比如餐馆、酒店、美容场所等，以会员形式结合微信公众号运营来操作。

（2）微博平台。企业官博，微博作为社交媒体，基于其社会化的传播特性，传播速度极快。因此，微博往往是品牌话题营销和事件营销的绝佳载体。通过微博与用户的互动，提供增值服务，可提升用户黏性。微博广告资源，新浪微博系统广告可根据手机类型、年龄、城市和兴趣表情对目标人群进行匹配，广告客户按照效果付费；利用微博大号做推广，广告客户看重的是大号的流量资源，还有大号的信用背书效果。

（3）问答平台。通过问答推广吸引用户，问答是"网友与网友之间进行观点与经验的交流"，信息可信度更高，容易形成用户口碑。问答类平台权重通常都比较高，比较容易在搜索引擎中获得比较好的排名。

（4）百科平台。提供信用背书，在一定程度上，百科类平台可以为互联网金融平台提供信用背书。通过搜索引擎优化（SEO）辅助，百科类平台权重也比较高，也容易在搜索引擎中获得好的排名。

3. 第三阵营新媒体平台

（1）自媒体平台。它包括头条号、企鹅号、搜狐号、一点号、百家号、网易号等，它们都是企业不可忽视的自媒体平台。这些平台的营销方法有两种。

一是通过大范围的曝光，以提高品牌的知名度。这些自媒体平台往往依托于自有生态体系，具有庞大的流量基础，品牌商家可以通过这些平台进行大范围曝光，从而提高品牌的知名度。二是新阵地占位，自媒体平台格局变迁，要提前占位。

（2）论坛平台。论坛平台是高人气聚集地，利用流量进行营销。

五、新媒体的发展趋势

互联网内容建设逐渐规范。互联网内容已经走向规范化，一些主流话语体系建设取得初步成就，全网阵地意识都在加强。

内容付费成为赢利热点。新媒体产品领域，将进入内容为王的时代。随着内容付费领域的不断拓展，短视频和音频将成为内容付费行业的主要产品形式。

社交化产品成为新势力。随着微信生态功能的完善，电商的社交化将成为当前大趋势。拼多多、小红书等社交电商平台通过充分挖掘用户个体和社群价值，有效进行商品和平台推广。

内容形式越来越多样化。碎片化的阅读方式，促使用户越来越趋向短、平、快的内容产品，长图漫画、音频以及视频的表现形式将越来越受欢迎。

用户争夺战愈演愈烈。目前来看，每个用户的关注列表里几乎有各个领域的账号，对于新媒体人来说，如何获取用户永远是不变的话题。

据前瞻产业研究院发布的统计数据显示，2011年中国新媒体行业市场规模已达2268.1亿元；2017年中国新媒体行业市场规模增长至7558.4亿元；2018年中国新媒体行业市场规模达到了9055亿元（图1-2）。随着行业相关规范的出台，以及5G等相关互联网技术的成熟与普及，我国新媒体行业未来市场前景十分可观。

随着互联网的发展，新媒体必将成为一个长期存在且充斥着各种机会和希望的行业。未来，新媒体依旧充满无限可能！

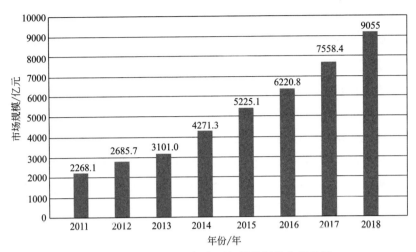

图 1-2　2011～2018 年中国新媒体行业市场规模

第二节　新媒体营销，拼的就是文案

新媒体营销，就是通过新媒体平台、渠道，把精准用户吸引进来促成成交以及后面的用户运营到模式裂变。比如，销售者在各种 App，如微信、抖音等新媒体平台，把精准用户抓到自己手里，并且促成订单成交。

一、新媒体营销的优势

新媒体营销的成本较低。传统媒体时代，企业需要花费巨大成本去推广品牌信息。新媒体为企业提供了更多免费的开放平台，而且资源共享。比如在微信开通公众号账户，在豆瓣建立兴趣小组，在天涯建立品牌空间，在新浪微博建立官方微博，在百度百科建立品牌词条，在 QQ 上建立粉丝群，这些推广方式基本上都是免费的。

消费者拥有更自主的选择权。传统营销往往是硬性推广，新媒体增强了企业和消费者的互动性，有利于取得更有效的传播效果。企业要做的就是让目标用户参与，让品牌融于消费者的互动活动当中，形成传播源并且不断扩散。

更精准化的客户定位。新媒体营销中，不管是门户网站的按钮广告，还是搜索引擎的关键词广告，与传统媒体比起来，都更有针对性。比如在百度搜索篮球的品牌，那么系统会认定你有购买篮球的需求。接下来，不管你是否买了篮球，系统都有可能为你定制耐克、阿迪达斯等品牌。在这个营销过程中，一切都基于人、账户以及关系网，用户的潜在消费欲望都可以被记录、被计算和被推理。

新媒体能让用户帮你创造产品。新媒体能引导用户创造产品，并分享利润。苹果公司的 App Store 就是个典型的例子，苹果公司允许用户上传自己编写的应用程序，并由平台来统一进行销售和下载，每成功出售一次，作者便会得到一定比例的分成。于是，苹果公司和应用程序作者实现共赢。

二、新媒体营销的模式

1."病毒"营销

利用公众的积极性和人际网络，让营销信息像"病毒"一样深入人心，快速复制，在短时间内快速、广泛地传向更多的受众。"病毒"营销是一种常见的网络营销方法，常用于进行品牌推广、微信推广等。

【案例】2016 年 11 月，"假人挑战"游戏盛行网络（图 1-3），游戏需要多人参与，人数越多难度越大，越考验团队之间的默契度。这款游戏之所以受到粉丝的喜爱，除了游戏极有趣味性之外，秒拍作为发起方以及明星艺人的参与互动，都让这个游戏受到很多粉丝的关注。

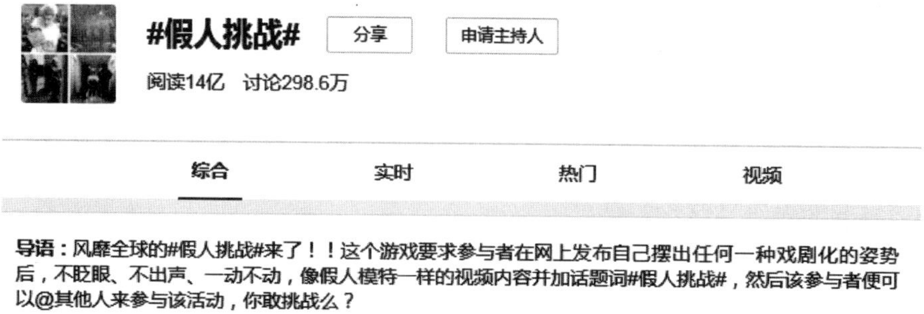

#假人挑战#　分享　申请主持人

阅读14亿　讨论298.6万

| 综合 | 实时 | 热门 | 视频 |

导语：风靡全球的#假人挑战#来了！！这个游戏要求参与者在网上发布自己摆出任何一种戏剧化的姿势后，不眨眼、不出声、一动不动，像假人模特一样的视频内容并加话题词#假人挑战#，然后该参与者便可以@其他人来参与该活动，你敢挑战么？

图 1-3　微博"假人挑战"话题

2. 事件营销

通过策划、组织和利用具有新闻价值、社会影响以及名人效应的人物或事件，吸引媒体、社会团体和消费者的兴趣与关注，以求提高企业或产品的知名度，树立良好品牌形象，并最终促成产品或服务的销售。

【案例】2018 年 11 月 18 日下午，奈雪奶茶创始人彭心发了朋友圈指责喜茶抄袭。很快，喜茶创始人聂云宸回复了这条朋友圈。两个茶饮创始人针锋相对的过程，引起媒体关注，大大地提高了奈雪奶茶的知名度，奈雪奶茶因此跻身新茶饮第一梯队。

3. 口碑营销

传统的口碑营销是指通过亲戚朋友的相互交流，将产品信息或者品牌传播开来。新媒体时代，消费者对广告，甚至新闻，都具有极强的"免疫能力"，只有制造新颖的口碑传播内容才能吸引大众的关注与议论。口碑传播发生在同事、朋友、亲戚等关系较为密切的群体之间，在口碑传播开始之前，他们之间已经建立了一种长期稳定的关系。相对于其他的营销方式，口碑营销可信度要更高。

【案例】2017 年 3 月，网易云音乐在微博发起了网易云音乐推广活动，网易云音乐和杭港地铁联合推出"乐评专列：看见音乐的力量"主题活动，把网易

图 1-4 地铁站的网易云音乐乐评

云音乐中的乐评刷满了杭州地铁 1 号线（图1-4），把网友的视线聚焦在被挑选并印刷出来的乐评上。这些乐评不仅刷满了杭州地铁线 1 号，同时也刷满了互联网。把用户的乐评进行广告投放，有利于增加用户的品牌归属感，从而有利于产品的口碑传播。

4. 饥饿营销

商家采取大量广告促销宣传，造成产品供不应求的假象，勾起顾客购买欲，然后让用户苦苦等待，提高购买欲，这样有利于提高产品的销售价格，或者为未来大量销售奠定客户基础。值得注意的是，只有在市场竞争不充分、消费者心态不够成熟、产品综合竞争力较强的情况下，饥饿营销才能较好地发挥作用。

【案例】喜茶是一家茶饮店，最新估值接近 90 亿元，成为新零售行业的代表之一。近年来，喜茶的火爆程度让人难以置信，为了购买一杯茶，很多人愿意排一个小时的长队。正是因为这样，喜茶被人们冠以"饥饿营销"之名，茶饮店通过连续多天营造出门前排队数十米的现象，再辅以抖音、微博等媒介的推广，把自己打造成一家网红店。

5. IP 营销

IP 营销中的"IP"原意为知识产权，近年来，随着 IP 内容的丰富以及客观的商业价值，IP 已经成为一个现象级的营销概念。IP 营销的本质，是把 IP 注入品牌和（或）产品中，赋予产品温度和人情味。

【案例】小茗同学是统一旗下深受消费者喜爱的品牌，2017 年 5 月，小茗同学包装升级，新增小茗同学漫画瓶，并且发起了"漫画瓶来袭，红包来集"线上线下营销活动。2017 年 6 月，小茗同学与天天 P 图合作上线小茗同学形象贴纸。把 IP 形象拟人化、具体化，是品牌 IP 营销输出人格化内容的有力方式。小茗同学具体化的 IP 形象，通过其动作和表情进行内容输出，使内容天然具备人格化。

6. 互动营销

抓住消费者和企业的共同利益点，找到巧妙的沟通时机和方法，将双方紧密结合起来，从而达到成功的销售目的。互动营销的优势表现为促进客户的重复购买，有效地支撑关联销售，建立长期的客户忠诚，能实现顾客利益的最大化。

【案例】2016 年 7 月，361°正式发布其奥运主题产品"热爱是金"系列综训鞋。"热爱是金"主题活动是一个互动性 H5（HTML5），进入游戏后需要在画面画出小人，小人画完后，他会穿着鞋子一路征战。H5 中的剧情需要在受众的互动下完成，将趣味性和互动性融为一体，在微信上获得了最大程度的传播。

7. 情感营销

把消费者个人情感差异和需求，作为企业品牌营销战略的核心，借助情感包装、情感口碑、情感设计、企业文化等策略来实现企业的经营目标。在情感消费时代，消费者购买商品，更多的是为了情感上的满足，心理上的认同。

【案例】2019 年 10 月，旺旺品牌与 TYAKASHA 合作推出联名款服饰，在网上小范围进行了试卖。推出的卫衣、毛衣、零钱包等，仅仅 7 秒之内全部售罄。同时，有 70 多万粉丝涌入旺旺天猫官方旗舰店求购买，10000 件"旺旺牌"衣服就被一抢而光。

旺旺这个怀揣着童年记忆的品牌进军时尚圈（图 1-5），意在激活消费者潜意识里的童年梦想，改变品牌在消费者心里的固化形象。"每个人心里都住着个小孩"，这种唤醒消费者童年记忆的营销策略，比较容易打动消费者的情绪，从而愿意为活动买单。

图 1-5 旺旺品牌进军时尚圈

8. 借势营销

借势营销是在消费者喜闻乐见的环境中进行产品推广活动，使消费者在不知不觉中了解产品并接受产品的营销手段。它具体表现为通过媒体博得消费者眼球，借助消费者自身的传播力，依靠轻松娱乐的方式等潜移默化地引导大众消费。

【案例】2016 年 4 月，鹿晗上海演唱会的前一天，鹿晗在微博上晒出了一个自己与邮筒的合影，这个邮筒很快就成为鹿晗粉丝的合影圣地。演唱会前后，赶来和邮筒合影的粉丝排队超过了 200 米。中国邮政敏锐地抓住了这个热点，通过策划外滩网红邮筒明信片以及随手拍邮筒活动，把中国书信文化与娱乐结合在一起进行有效传递。

9. 社群营销

社群营销是基于相同或相似的兴趣爱好，通过某种载体聚集人气，通过产品或服务满足群体需求而产生的商业形态。

【案例】凯叔讲故事微信订阅号的创始人王凯，凭借多年播音主持的经验和作为一个父亲对子女的爱，开设了"凯叔讲故事"公众号，通过持续运营，该公众号已经成为母婴类、生活类顶级公众号，粉丝破千万。在账号的起步阶段，凯叔经常会为孩子讲睡前故事，当账号粉丝达到一定规模后，"凯叔讲故事"对音频产品做了调整升级，开启音频付费模式，公众号逐步开始盈利。随着影响力不断增加，"凯叔讲故事"产品不断丰富，针对父母和孩子，提供定制化或优质产品服务。

10. 跨界营销

根据不同行业、不同产品、不同偏好的消费者之前所拥有的共性和联系，把一些不相干元素进行融合、渗透，进行彼此品牌影响的互相覆盖，赢得消费者的好感。而且，想象力越丰富，跨界越远，就越能激发消费者的兴奋点。

【案例】2019年5月，国民老字号大白兔联合气味图书馆，推出大白兔奶糖沐浴乳、身体乳、护手霜等一系列产品，引发大众热议。大白兔这个品牌可谓家喻户晓，但是随着时间推移，大白兔的市场表现大不如从前。但是，不可否认的是，大白兔依然是一个优质品牌。这次的跨界营销，大白兔以一个新姿态出现在消费者面前，唤醒了消费者内心深处的记忆。

三、营销要成功，文案是关键

新媒体文案这个词语，包含两层意思：一是广告的一种形式，是基于新媒体，重点输出广告的内容和创意；二是对职业的一种称呼，其职责是把传播的信息进行设计，使其更容易被受众发现、理解、记住并再次传播。

新媒体文案是新媒体营销宣传展示产品的载体，是消费者和企业之间的桥梁，可以说，无论采取哪种营销模式，文案的好坏是决定营销成功与否的关键因素。

在新媒体营销领域，轻生活是神话一样的存在。2014年7月1日，轻生活产品第一次上线就积累了 1500 名天使用户。

2015 年 1 月，轻生活获得了知名投资机构深圳国富源数百万元天使投资。银泰百货、招商银行、优酷等近 50 家企业也选择与轻生活达成企业合作，作为女性员工福利。

2016 年 5 月，轻生活在微信公众号"书单"上投了一篇推文，阅读量超过了 10 万，而在当时，"书单"的平均阅读量不超过 5 万。轻生活通过这篇文章成交了 3997 单，赚了 31.18 万元，而且产生了极强的用户黏性。当宝洁整个个护品类的复购率只有 9% 的时候，轻生活的复购率已达 40%。

根据轻生活提供的数据，从 2014 年 7 月正式上线销售到 2015 年底，品牌产品销售额仅为几十万元。2016 年，轻生活的线上销售突破了 3000 万元。

一年的时间，销售额得到井喷式的增长，这得益于轻生活超强的文案营销能力。

2016 年 5 月到 8 月，轻生活花费 120 万元的广告费，投了 112 个微信公众号，覆盖人群超过 2000 万人，直接产生的销售额大约有 610 万元。

轻生活在投放推文的过程中，很多粉丝被文案中的故事打动，转而去关注轻生活的公众号，轻生活公众号的粉丝因此从 2 万涨到 15 万。轻生活每 100 个顾客中，至少有 15 个是老用户带来的，且都是自发介绍传播。

新媒体是轻生活打响第一炮的阵地，文案在其中起到了举足轻重的作用。轻生活的成功可能不可复制，但是，文案在新媒体营销中的核心地位，确实不容小觑！

第三节　新媒体文案的常见类型

所有的文案都是为销售服务的，新媒体文案是一种以文笔输出和创新点来吸引客户的文案形式，根据不同的着眼点，新媒体文案可以分为多种类型。

一、按目的不同分类

（1）销售文案。能够立刻带来销售的文案，简单地说就是让读者读完以后立即下单买货的文案。销售文案与其他文案的区别就是"立即行动"，比如我们在公众号上常见的卖货软文，号主推出软文的目的，就是让读者看完软文后，立即下单买软文推销的货物。

（2）传播文案。它是为了达到扩大品牌影响力的文案，比如企业形象广告、企业节假日情怀营销文案等。与销售文案相比，品牌传播文案则侧重是否能够引起读者的共鸣，引发受众自主自发传播。

（3）粉丝转化文案。它是指通过描述平台能够给用户带来的利益，吸引粉丝的文案。

（4）活动互动文案。它是指为了增强品牌产品和用户互动的文案，比如抢红包活动、民宿试睡等文案。

二、按篇幅长短分类

按照文案的篇幅长短，可分为长文案和短文案。通常情况下，字数在1000字以上的文案称为长文案，几百字的文案称为短文案。长文案需构建强大的情感场景，比如文案以讲故事的方式展开，随着故事情节的发展巧妙地植入销售产品信息，潜移默化地促使读者下单。

与长文案相比较，短文案则在于快速触动读者，表现核心信息。比如微博发文仅支持140字，写微博文案，就要直接切入主题，直接说出产品的好处、消费者如何得到好处，促使读者立即行动。

在营销活动中，往往是根据行业属性不同，确定用长文案还是短文案。比如在汽车、珠宝等行业，因为产品价格比较昂贵，顾客的决策成本比较高，这时就需要用长文案。而价格较低、顾客决策成本较低的产品，比如女孩儿喜欢的小头饰、杯子等，就可以用短文案。

三、按植入方式分类

硬文案即直接介绍商品、服务的文案，以直白的内容把产品的相关信息发布在传播平台上。硬文案的优点是渗透力强，传播速度快，经常反复可以增加读者印象。硬文案的缺点是商业味道太浓，时效性差，不容易触动受众的情绪。

软文案是通过其他的方式植入广告，比如在案例分析中植入广告品牌，在故事情节中植入广告品牌。软文案具备隐藏性，受众不容易觉察到广告的存在。

简单地说，硬文案是简单地一味诉说产品卖点，王婆卖瓜，自卖自夸。软文案则注重用户的诉求和痛点，急用户所急，想用户所想。

一般来说，品牌产品需要更多品牌曝光次数直接带动销售时，企业就会选择硬广告；企业在需要补充增加品牌曝光时，则选择软广告。

四、按渠道及表现方式的不同分类

传播渠道不同，文案的表现形式也有不同。比如微信公众号支持多种文案表现形式，可以是纯文字，可以是图文形式，也可以是文字图片和视频纯文字相结合。在抖音、快手之类的视频平台，则以短视频的表现方式为主。

第四节　如何避开新媒体文案的"雷区"

新媒体文案和传统文案相比，有传播速度快、传播渠道和传播形式多元化、互动性强等特点，如果不注意规避文案"雷区"，就会对营销活动造成不可估量的负面影响。所以，我们在进行文案创作的时候要注意，不要为了营销而营销，要更多地考虑自己的文案可能会造成的影响，提防风险，规避"雷区"。

一、规避敏感且容易引发争议的话题

某品牌将主要客户目标群体定位为女性，他们将一句宣传文案印在化妆品的包装盒上"不涂口红的你，和男人有什么区别"。将个性化的文案印在包装盒上这种宣传策略，不仅美化了包装盒，也将企业品牌的形象塑造得更加立体丰满。然而，就是这句个性文案捅了一个大娄子，它被指责是一个"没有端正态度，一味追求营销噱头"的文案而产生了很不好的影响。尽管该品牌在第一时间积极地采取补救措施并诚恳道歉，但是造成这次危机的原因却着实值得我们深思。

过度重视广告营销活动本身，而忽视了广告营销活动所处的社会背景，就是本次"口红门"事件的原因所在。

在新媒体营销中，踩了文案"雷区"的不仅仅是"口红门"事件，比如某相亲网曾经推出了画面和情节都非常温馨唯美的相亲广告，却因为过于绝对化和煽情的内容引发了女性观众们的逆反和不适。

二、规避涉嫌欺诈的活动

很多运营者在策划营销活动文案中都会设置奖品，比如订单成交后可以抽奖。在这样的宣传文案中，如果策划人员谎称有奖，其实早已内定了工作人员，或者将次品作为奖品发给抽奖用户，这些将视为违规行为。比如品牌商策划一场活动，奖品是一张价值2万元的欧洲游旅游票，如果真的有这个奖项，那么工商局会查到底有没有人中了这个奖。这个中奖的人若是内定的工作人员，那么宣传文案就涉嫌欺诈了。

三、正确行使活动解释权

我们在一些活动策划文案的页面底部，往往会看到一句"本活动最终解释权归×××公司所有"，这种表述方法其实是不规范的，很容易引起纠纷和误会，正确的写法应该是"本单位保留在法律允许范围内对活动的解释权"。

四、规避极限词语

在文案中，什么是极限词语呢？比如"国家级、最高级、最佳"和"第一、顶级、极品"这类词语，使用这类词语很容易被视为犯规。在新广告法中调整了用词范围，比如"最、一"之类的词，是不能够使用的。作为新媒体文案创作人员，有必要去查看最新广告法里的违禁词，有利于规避极限词语。

有些广告文案，在不使用违禁词的情况下，却达到了比使用违禁词还好的效果。比如劳斯莱斯的文案："这辆新型劳斯莱斯在时速六十英里时，最大噪声是来自电钟。"这是大卫·奥格威给劳斯莱斯写的一则经典文案，没有使用"最低噪声"之类的极限词语，却很好地说明了车的噪声处理技术。

五、数据资料要准确

　　广告法有规定，广告中使用的数据、统计资料、调查结果、文摘等应该标明出处，引证内容要加适用范围和有效期限。数据都是从哪里来的，要有足够权威的证明和出处。比如数据引用来自国家某机构或者第三方数据调查等，在使用这些数据的同时还需要注意这些数据是否可以引用，部分数据在未得到授权时是不能直接使用的。

　　比如，"90％的互联网用户信息会遭到个人信息危机"，这个"90％"的数据是从哪里得来的，要有权威的出处和证明。再比如，来自国家某机构、某第三方数据调查公司、公司内部某部门的数据等，也要注意数据是否可以引用。"×××奶茶销量连起来可以绕地球三圈"，这样的表述就缺少有效期限，所以需要加上时间限制，比如，截至2017年，×××奶茶销量连起来可以绕地球三圈。

六、说明附带赠送奖品信息

　　在电商或者线下品牌销售文案中，如果有附带服务赠送的，应该标明赠送的商品品牌、规格、数量、期限以及方式等。比如买一件羽绒服送一件毛衣，这时候就应该说明赠品名称和数量等信息，不然就会被视为违规。

七、严禁传播虚假信息或者引人误会的信息

　　在文案中不能传播虚假信息，广告法和消费者权益保护法中都有明确规定，不得弄虚作假或者传递引人误解的信息，否则将视情况给予处罚，处罚广告费费用的3倍以上5倍以下罚款，若是广告费无法计算的，则处以20万元

以上 100 万元以下的罚款。

随着广告法处罚力度的增大，新媒体文案创作者一定要注意学习相关的法律法规。文案有"雷区"，下笔需谨慎！

第五节　优秀的文案创作者要具备的 5 种能力

在新媒体运营团队中，文案创作者是必不可少的。随着新媒体的发展，不少人都开始学习文案创作。相比较来说，新媒体文案创作岗位的门槛要稍高些，写文案可以说是一个艺术创作的过程，要想成为一名优秀的自媒体文案创作者，就要具有一定的能力和素养，如图 1-6 所示。

图 1-6　优秀的文案创作者要具备的 5 种能力

一、运营能力

新媒体运营者不一定是文案高手，但是文案高手要懂得如何运营新媒体。比如，一篇优秀的文案，可能会带来比较高的转化率，但是要想把用户留下来，提高用户的黏性，让文案在运营中发挥更大的作用，就需要一个出色的活动策划，通过文案和策划的引流会有大量用户进入，接下来就要进行变现。新媒体文案创作者要具有一定的数据分析能力，对行业趋势进行比较分析、细致分析等，将指标统计和规则牢记于心，积累丰富的新媒体运营经验，这样写出来的文案，才能更好地服务新媒体平台。

二、写作能力

所谓的写作能力，主要表现在文案的写作技巧上。逻辑能力是写作能力的基础。广告大师大卫·奥格威在《一个广告人的自白》中说过："消费者不是傻瓜，消费者就好比是你的妻子，如果你以为仅凭口号和煽情的形容词就能劝服她购买东西，那你是在侮辱她的智商。"好的文案背后，一定隐藏着精密的逻辑布局。逻辑推理能力的强弱和天赋有关，也可以靠后天锻炼培养。比如，我们可以拆解分析优秀的文案，把握文章的逻辑、转折、过渡，在纸上模拟画出结构图，长此以往，就会培养自己的逻辑能力。

掌握不同的语言风格，可以提高文案写作能力。作为新媒体文案创作人员，需要给不同的产品写文案，今天给汽车、珠宝写，明天给化妆品或内衣写，接下来可能还要给美食写……针对不同目标群体写文案，所用的语言风格都是不一样的。文案创作者必须要掌握各种语言风格，而且具有在不同风格之间随意切换的能力。

另外，还要掌握各种写文案的技巧，比如起标题、制造向往、直击痛点等各种技巧都得信手拈来。

三、创新能力

文案创作者要具备创新能力。思维活跃，创新能力强，这和天赋、性格有关，也深受阅历、认知等因素的影响。文案创作者通过后天的努力，同样可以提高自己的创新能力。比如，我们可以跳出常规，用新奇的方式思考和观察世界，这有助于改善我们大脑不活跃部分的功能；我们要对这个世界保持好奇心，保持对事物的敏感，尝试做一些自己没有做过的事情，有效地锻炼自己的思维。

从某种意义上说，创新也是一种重新排列组合的过程。比如我们可以把一些经典的营销文案收集起来，然后结合实际情况，以解决问题为目的，把文案的精华部分重新排列组合，或者把一些不相干的元素融合联想，就可能产生一篇不错的营销文案。

四、审美能力

审美能力又被称为艺术鉴赏力，即能感悟欣赏到事物的美感，并且知道美的定义是什么。很多时候，看一个人的审美能力，就能判断出他文案水平的高低。

具有审美能力的文案创作者写出来的文案，通常都具有韵律和美感。比如简单的文字排版，有审美能力的人能够做到整洁、风格统一，选择的字体，设置的字间距、行间距都会让读者感觉非常舒服。而审美能力欠缺的人，会使排版杂乱，字体颜色甚至可以用完选项里的所有颜色，最终的效果不仅视觉效果不好，文案整体都显得没有格调。

什么是美，并没有统一的衡量标准。但是，所有的美好，总能找到其共性和通性。比如，穿衣时遵循色不能超过三种的原则，在文字排版和图片设计上，同样可运用此原则。

文案创作者可以通过欣赏优秀画作、优秀的文学作品，用心感受其中的文字用词、语言韵律，甚至仅仅只是欣赏一部优秀的电影画面色系、对白的设计等，都能对我们的审美能力有潜移默化的影响。

五、学习能力

所谓的学习能力，就是可以在短时间内，快速完成对陌生事物的熟悉和了解，最后还能融会贯通，形成自己的思考。自媒体文案创作者，可以通过阅读、请教、实践三个途径，提升自己的学习能力。

阅读几乎是一项没有门槛的学习活动，文案创作者可以通过研读专业书籍、相关案例等资料，提高个人的综合素养，系统地掌握相关知识。

请教是耗时最少、效率最高的学习途径。我们在阅读中遇到的困惑，可以通过自己的努力找到答案，也可以请教相关领域的专家，或者通过知识付费平台，进行咨询学习。

实践出真知，只有把掌握的理论知识，切实运用到实际工作中，才能把学习到的知识逐步转化为自己的能力。

新媒体文案工作没有捷径可走，只有提高自己的综合能力，经过一定的积累和沉淀，才能最终脱颖而出，成为一名优秀的文案创作者。

第二章

新媒体文案的创作思路

第一节 挖掘产品价值，打造独特卖点

我们写新媒体文案的目的，就是为了销售产品或者宣传品牌。对文案创作者来说，下笔写文案之前，最先要做的准备工作就是要熟悉和了解通过文案进行推广的产品。比如，为一款电动牙刷写销售文案，我们首先要用这款电动牙刷刷牙，体验产品的使用效果。接下来，我们要了解电动牙刷的材质、结构、原理等基础信息，挖掘这款电动牙刷具有什么优势和卖点，然后展示给读者，引导他们下单购买。

通常情况下，品牌生产商会把产品的基础信息提供给文案创作者，而挖掘产品价值、打造产品卖点的工作则需要文案创作者去完成。

一、如何挖掘产品价值

挖掘产品价值，其实就是找到产品会给用户带来哪些好处，把用户和产品连接起来。我们可以通过下面的方法挖掘产品价值。

1. 九宫格思考法

我们可以在电脑上做个九宫格，或者在一张白纸上画个九宫格。在九宫格中间的方格中写上产品名字，然后在其他八个方格里填上产品的优点。

比如，我们可以拿丸美品牌的"丸美凝时紧致套装"做例子，练习用九宫格思考法，挖掘产品的价值（图2-1）。我们在九宫格中间的格子中，写上"丸美凝时紧致套装"，在其他的八个格子中，分别填上"补水、增加肌肤弹性、提拉、紧致……"通过这样的练习，能够帮助我们形成发散性思维。

补水	抗皱	增加肌肤弹性
提拉	丸美 凝时紧致套装	紧致
美白	易吸收	无刺激

图 2-1　九宫格思考法示例

2. 型录要点延伸法

型录是产品编目、目录、样册的意思，用这种方法挖掘产品价值，可以说就是照抄型录里的商品优点。然后根据抄录出来的优点，再试用产品，看是否能延伸出别的优点。

比如，我们挖掘普洱茶的卖点有：产地无污染、原料精挑细选、勐海茶系等要点。通过这三个卖点，我们可以分别加以延伸，得到新的卖点：产地无污染——安全口感好，原料精挑细选——春茶新鲜、质量好，勐海茶系——发酵时间长、口感独特。

3. 三段式写作法

第一段写产品的特点，第二段写产品的优点，第三段写用户利益。

我们看一下百雀羚的文案，如图2-2所示。

百雀羚产品的价值就在于其特点是选取天然草本精粹，其优点是有助于减少黑色素、淡化斑点、提升光泽感，给用户带来的利益是有助于美白、凝脂美肌。

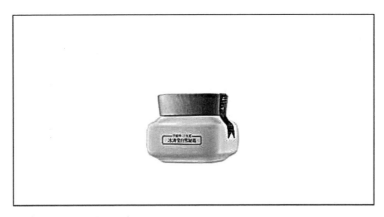

百雀羚三生花冰清莹白雪凝霜

甄选天然草本精粹，赋予肌肤密集滋养，丰盈润泽，减少黑色素，淡化斑点，有效改善肌肤干燥、暗沉、肤色不均，还原饱满、通透光彩，提升肌肤光泽感，令肌肤美白，持续使用，逐渐见证凝脂美肌。

图 2-2 三段式写作法示例

我们自己观察一下就会发现，很多产品的文案都是遵循"产品价值＝产品特点＋产品优点＋用户利益"这个基本公式来写的，这个公式是模拟人们在选购产品时的思维发展过程而得出的。

大多数消费者在购买产品时是懒惰的，他们往往不会花时间去调查产品特点背后的原因和购买产品后将产生的实际利益，他们只会被动接受一种说法，并判断它是否靠谱，是否有吸引力。

二、如何打造产品的独特卖点

打造产品的独特卖点，是文案写作中一个重要的模块。独特销售主张可通俗理解为独特卖点，独特销售主张是从既定的产品中挖掘其独特且具有强销售力的卖点，给潜在消费者一个强有力的购买理由。我们可以通过下面的几个方法，打造产品卖点的独特性。

1. 提出新概念

消费者往往都具有追求新鲜感的特质，新技术、新功能、新款式、新概念的出现，总能引来大量关注和热议。这里所说的新概念，并不是晦涩难懂的、系统专业的学术定义，而是由品牌发起的，符合时代潮流、大众心理、社会生活，有独创性且带有趣味性和娱乐性的概念。

提出新概念的具体方法：一是"品牌/产品名称＋人群/事物"，比如"宝呗青年"就是这样的组成方式，用余额宝的"宝"加花呗的"呗"加青年；二是"品牌/产品属性＋受众特征＋人群/事物"，这种组合取品牌极具代表性的功能、标识、理念等，与目标群体的形象、心理相碰撞，提炼出共同点形成文字，比如肯德基的"潮汉堡青年"就是这样的组合，用两款汉堡的反差搭配加受众反差随性的生活态度加青年。

2. 普遍性技术首次公开

克劳德·霍普金斯在《文案圣经：如何写出有销售力的文案》中，曾提到过一个案例：所有啤酒广告都强调的"纯净"，并没有给消费者留下深刻印象。有一家啤酒厂在广告中，展示了啤酒的制作过程，酒瓶被清洗了4遍，酿造啤酒的水，是从地下1000多米深处获取的纯净水，研制人员经过了1018次试验才制得一味酵母，从而赋予啤酒举世无双的风味。

事实上，所有啤酒酿造过程，都要经历以上几个步骤。但是，这些酿酒的过程从来没有被公之于众。别的啤酒厂家都在强调"纯净啤酒"的时候，这家啤酒厂却公开了纯净啤酒是如何制造的，这个啤酒品牌，毫无悬念地脱颖而出，成为最特别的存在，成功地吸引了消费者的注意。

3. 与知名品牌比不同

知名品牌往往拥有很大的市场份额和极高的知名度，在整个行业中处于龙头地位，它的品牌名称、功能特性、价格等被广大消费者熟知。因此，与其到处找自己产品的独特之处，不如直接跟"老大"比不同。通过与知名品牌比较，可以提高自身的起点。承认领导品牌卓有成就，把它当作自己产品的参照对象，找到相比较的点，并与之明确区分，让消费者产生与知名品牌认知完全不同的概念，从而形成独特性。

比如，我们可以从地位上进行区分，领导品牌拥有绝对的首席地位，这时，我们就强调自己第二或第三的位置，并暗示在此地位上能做到某些特别的事情，是更高位者所忽略或不会去做的。Avis租车广告就是这样写的：我们是第二，所以我们更努力。从定位上进行区分，就是找到领导者或知名品牌最核心的功能点，往相反的方向定位自己的产品，从而形成自己的独特性。比如，七喜的经典定位：非可乐！

另外，品牌还可以从消费者、功能、定价等层面，与领导者、知名品牌进行相互比对。

4. 创造产品新的使用体验

品牌大力宣传推广的，往往是产品的主要功能，对于其他功能往往当作附属营销或者干脆不提及。其实，我们绞尽脑汁寻找的独特性诉求，往往就隐藏在那些附属用途上。

我们可以采用重新排列组合的方法，形成新用途，就是将某个产品与其他产品组合应用，产生全新的用途或功能，给用户带来新的产品体验。比如，把雪碧和红酒混合饮用，滋味更加美妙。这就是在原用途上增加新用途，使产品更加实用或有趣。日本三得利推出的"猫咪瓶盖"受到了消费者的好评，在瓶盖密封作用之上，通过对外形的设计可使其形成诸如药盒、眼镜架、手机架、存钱罐等新用途。还可另辟蹊径，寻找别的突破口。比如，脑白金的"送礼就送脑白金"就是抓住了"送礼"这个独特主张，从而避开了保健品"突出调节人体功能、预防疾病等功能"的主流宣传概念，让消费者产生深刻印象。

总而言之，产品价值越高，卖点越独特，顾客的忠诚度就越高，文案促成的产品成交能力就越强。

第二节　分析目标受众，让文案更准确

写文案这件事情，直白地说，就是用对的方式向对的人讲对的话。很显然，我们用"对的方式"讲了"对的话"，如果受众对象错了，那无疑就是对牛弹琴。如果我们针对的受众太多，没有精准地确定目标受众，那么，我们用"对的方式"所说的"对的话"，往往也得不到认可。

所以，写文案需要精准锁定目标人群，并针对目标人群进行多维度分析，找到"对的人"，我们才能知道，什么是"对的话""对的方式"。

一、确定目标用户

确定目标用户，就是根据需要推广的产品的特点，确定哪些人对这个特点有需求。

比如，需要推广的产品是一款咖啡，咖啡的特点是"香滑、提神"，那么我们确定的目标用户，就可以是"享受香滑口味""需要咖啡提神"的人群。

再比如美图秀秀这款产品，它的特点就是"美图，简单好用"，那么我们的目标人群就是不太熟悉 Photoshop 软件而有修图需求却希望快速上手的用户。

奶粉、奶瓶、尿不湿这些婴儿产品，它们有一个共同特点，那就是为婴儿提供多维度的服务。再比如少儿英语、少儿编程等内容营销课程，也都是为少儿教育提供服务的。这时，我们把目标人群确定为婴儿、少儿没有错，但是我们必须考虑到婴儿、少儿没有购买行为能力这个问题，所以就要把目标人群锁定在婴儿、少儿的监护人身上。显而易见，在一个家庭中，往往是孩子妈妈负责购买这些产品，我们把目标人群确定为"孩子妈妈"，这样就更加精准。

二、为目标用户画像

所谓的用户画像，就是根据用户的社会属性、生活习惯和消费行为等信息而抽象出的一个标签化的用户模型，也就是将用户信息标签化。进行用户画像分析的作用主要体现在精准营销、用户统计、数据挖掘、产品服务以及用户研究等方面。

用户画像往往包含以下几方面的因素。一是地域，也就是用户所在的地理位置。比如一线城市居民具有收入高、接受新鲜事物能力强、眼界广等特点，其他城市的居民，则有收入相对比较低、不太能接受新鲜事物、眼界比较窄等特点。二是性别，性别对新媒体营销的影响也比较明显。比如男性可能更喜欢冷色，对游戏类、运动类的产品感兴趣；而女性更喜欢暖色，对化妆品类、服饰类的产品更有兴趣。三是收入，收入的多少决定一个人的消费习惯。比如，需要推广的产品是国外游，去普罗旺斯看花海，去夏威夷的海滩享受阳光，那么我们就不能针对只能接受价格低廉商品的用户人群去做推广。四是年龄，年龄段不同，所关注的内容就不同，"70后"关注心灵鸡汤，"80后"关注职场，"90后"关注互联网，"00后"关注二次元……如果针对"90后"推广一款保健养生壶，那么推广成功的概率就比较小。五是受教育程度，受教育程度越高的用户，对内容越挑剔。一些低俗搞笑视频，可能只能在受教育程度普遍不高的人群中流行，而豆瓣、知乎上的内容，则更被受教育程度较高的用户喜爱。六是产品使用行为，比如用户是白天还是晚上打开订阅号多一些，是每天看还是存好几天一起看，有没有分享、留言、点赞、打赏等行为。七是其他，这些可能涉及兴趣、家庭、职业、信仰、价值观等。

我们可以根据用户画像包含的要素，尝试给一款"自媒体营销课件"进行用户画像：

张小咪，24岁，一个活泼开朗的女孩，在北京一家初创互联网公司做新媒体运营1年了，月薪8000元，目前还没有男朋友。平常加班比较多，但比较注重生活品质，喜欢在休息时间逛街和运动。她在工作之余会刷朋友圈、玩抖音，喜欢弹幕和创新有趣的东西，喜欢逛豆瓣、刷微博。目前，她热爱自己从事的新媒体行业，但是对于未来充满迷茫，一直想提高自己的专业技能，把公司的新媒体平台运营得更好，但不知道如何更好地做好阅读和用户增长，所以非常注重线上线下的学习，希望得到更专业具体的建议和指导。

三、用目标人群认为"对的方式"，说目标人群认为"对的话"

产品的目标人群确定下来了，而且对目标人群进行了精准画像，接下来，我们就要用"对的方式"把"对的话"说给目标人群。说的"话"对了，推广的"方式"对了，这样写出来的文案，才会更准确。

比如，我们看一下万科兰乔圣菲项目的这组广告，称得上地产经典文案，如图2-3～图2-5所示。

作为一个高端地产项目，定位的是高消费人群，文案使用的"高度""红地毯""CEO"等词语，可能其他消费人群有点看不明白。但是，目标人群能够一目了然，这就是"对的话"。

用目标人群认为"对的方式"，把"对的话"讲出来，也非常重要。唯路

没有一定高度，不适合如此低调

图 2-3　万科兰乔圣菲项目广告（一）

踩惯了红地毯、会梦见石板路

图 2-4　万科兰乔圣菲项目广告（二）

时是飞亚达旗下的一个时装表品牌。在情人节到来之际，设计师以"向我而生"为灵感，推出情人节限量款时尚套餐——JUST FOR ME，致敬那些"向我而生"的女孩。产品给目标人群的定位是她们听得见内心的声音，不委屈自己，不跟随他人，像一朵带刺的玫瑰，在时光里骄傲盛放。

"向我而生"主题系列海报文案是在微博上进行投放的，而之后的平面海报是在地铁进行投放。这是因为，产品受众是年轻女性，微博是这一群体在线上的主要活动场所，地铁则可能是她们上下班的主要交通工具，这些投放渠道，都有利于目标受众发现该品牌产品，并且记住它。

没有CEO，只有邻居

图 2-5　万科兰乔圣菲项目广告（三）

什么是"对的方式"？简单地说，就是用正确的渠道把文案推广出去。比如"外地赚钱，回乡买房"这样的文案，就适合在县城的火车站挂横幅，或是用油漆刷在农村大路边的围墙上。而一款网红化妆品文案，通过公众号投放则更靠谱。

目标受众是谁？他们是什么样子？他们在哪里？弄明白这几个简单问题，写文案才会有的放矢，才不会跑题！

第三节　深入分析竞品，提高核心竞争力

竞品分析的概念最早源于经济学领域，是指对现有的或潜在竞争产品的优势和劣势进行分析。我们写文案时进行竞品分析，其实就是根据自己的分析，确定切入角度，对竞争对手或市场进行客观分析，找到所要推广产品的优势，提高推广产品的核心竞争力。

一、如何找到竞品

消费者总是喜欢拿不同的产品进行比较，我们写文案找竞品时，就需要考

虑两个问题：消费者会拿我们推广的产品去和什么产品相对比？会对比什么？然后拿用户思维，从以下几个方面切入，去找寻竞品。

核心服务和目标用户基本相同的产品。提供的核心服务、市场目标方向、用户群体等与我们的产品定位基本一致的产品，可以说是直接竞品。比如，说起美团的竞品，我们立刻就会想到饿了么；说起 QQ 音乐的竞品，就会想到网易云音乐、酷狗音乐；说起扇贝单词，就会想起百词斩等。

目标用户相同，但是向用户提供的核心服务不同。比如，做钢琴培训的机构，可以找做画画、舞蹈的培训机构合作，虽然他们的授课内容不同，但他们的服务对象都是孩子。

核心用户群高度重合，暂时不提供同类推广产品具有的核心功能和服务，不过通过后期的产品迭代，可能会有和同类产品相同的核心功能。比如在音乐市场上有一款产品是"柚子练琴"，它是一款线上乐器视频陪练 App，如果有一款产品也是做乐器陪练的，但上课方式是语音，那么它就有可能在后期的产品迭代中加上视频上课的功能。

二、如何收集竞品信息

关于行业的分析报告和市场格局等信息，我们可以通过艾瑞咨询、易观、DCCI 互联网数据中心、行业年鉴等进行查询。产品的版本迭代情况可以在安卓市场或者 App Store 中查询到。产品的运营事件和运营信息，通常可以在微信公众号、微博、知乎、网页新闻等页面查到。

对于很多产品来说，初期的运营事件或信息通常不容易被查到。我们可以先在易观上查出它的用户数规模，然后找几个显著的用户增长点，根据这个点用逆向思维去找它的运营事件。

另外，我们也可以亲自去操作和实践，了解竞品的整个业务是如何运转的。

三、如何拿推广产品和竞品做比较

我们拿推广产品和竞品做比较时，最好是先指出竞品的缺点，再展示我们产品的优点，这样会有效地提高推广产品的核心竞争力。

1. 描写竞品：产品有缺点，利益少

例如，有个果汁机的文案是这样写的：分离式刀头，易拆易洗。轻轻地拿着搅拌刀头盖，只需一冲，即可冲走残渣。

很多读者看到这个文案后表示，他们对文案描述的"分离式刀头，易拆易洗"没有兴趣，也没有购物欲望。

我们用消费者的思维去分析一下：用户买果汁机最先考虑的应该是方便好用，但对于普通的果汁机来说，残渣和果汁分离需要滤网，而清洗滤网是比较麻烦的事情。

把推广产品和竞品相比较，我们可以这样写文案：以前买的果汁机，实在太不好用了，滤网真是太难清洗了。而这款果汁机，容器本身就是杯子，用完只要用水冲冲杯子和搅拌刀头就行了，简直太方便了！

修改后的文案，读者一看就懂了，而且感觉它帮自己省了很多工作量，真是方便。

2. 描述推广产品：产品优点多，利益大

比如，我们要给一款烤箱写推广文案，找的竞品是普通烤箱，如图 2-6 所示。

竞品描述：配置普通内胆，热量不能到达炉腔各个角落，烤大块肉类容易外熟里生。功能少，不实用，普通钢化玻璃，长时间高温烘烤，有破碎风险。

推广烤箱：配置钻石型反射腔板，3D 循环温场，均匀烤熟食物无死角！特有 360 度旋转烤叉，能烤整只鸡和羊腿，外焦里嫩。经上万次防爆实验，研

图 2-6　竞品和推广产品的比较

发出四层聚能面板，经得起"千锤万烤"。

很显然，经过这样的对比后，消费者对推广烤箱就会更有兴趣。

第四节　好创意成就好文案

创意，在英语中用"Creative"或"Creativity"或"Ideas"表示，是创作、创制的意思。早些年在西方国家出现了"大创意"的概念，并且迅速流行开来。

大卫·奥格威曾说过："要吸引消费者的注意力，同时让他们来买你的产品，非要有很好的特点不可，除非你的广告有很好的点子，不然它就像很快被黑夜吞噬的船只。"奥格威所说的"点子"，就是创意的意思。

对于新媒体文案创作者来说，好的创意可能成就好的文案，创意就如桂冠上璀璨的珍珠，桂冠因珍珠才具有无限的价值。

一、创意文案的特点

创意是个很主观的东西，跟文案创作者的知识结构、个人特点有着紧密的联系。创意文案是创意和文案的结合，是营销文案的一种。

与普通文案相比，创意文案在内容上的要求更高一些。创意要新颖突出，要有强大的吸引力，让读者一眼瞟过去就能捕捉到，并且有兴趣读下去。

创意文案的目的是营销，但是却不能把营销的目的直白地显露出来。对文案创作者来说，你写出来的东西，若读者一眼就看出是广告推文，这样的文案称不上是创意文案。比如，有个卖挂件摆件饰品的朋友，他每天在朋友圈发一些佛学、星座属相之类的故事。他从来不发我的产品有多好，大家买了我的产品会带来好运气之类的"硬推"，只是不显山不露水地提一下，他有摆件挂件饰品这块的业务，有需要的朋友可以私聊。大家喜欢看他朋友圈的文章，看完后很容易就会买一件。这样，朋友轻而易举地就把产品卖出去了。

创意文案不宜过长，要让人容易理解。新媒体是快餐阅读方式，比如很多读者看一篇朋友圈的文章，往往不会超过 2 分钟。所以文案中的创意要简单易懂，如果写得太深奥，读者可能没有兴趣花时间去理解。

二、如何找到好创意

不得不说，创意是这个时代的稀缺品，物质的丰富似乎遏制了人们的想象，人们的思维往往被局限在一个狭小的范围内，一些现成的方法和套路，更容易让我们循规蹈矩，从而失去了创新的能力。

美国行为心理学家奇普·希思和丹·希思，他们曾经发表过这样的观点，不论做任何事，我们都要有所创新。只有黏性的创意，才会让你更加成功。

什么样的创意才能具有强有力的黏性，才能被读者牢牢记住？奇普·希思和丹·希思兄弟俩根据大量的社会心理学研究案例，揭示了让创意具有黏性的秘密。

1. 简约

好的创意，一定要足够简约，让读者一目了然。文案创作者要找准问题的关键和核心，找到消费者购买产品的必要性，然后提炼总结，删除无关紧要的因素和修饰语，一语中的，表达文案的观点，快速抓住用户注意力。

具体的方法有两个。一是凝练语言法。在不影响意思表达的前提下，我们可以果断地删除修饰性的词语，只提取语句的主谓宾。如果有必要，我们甚至可以把主语也删除，尽量让语句紧凑凝练。二是标题法。标题是文章的点睛之笔，一句话往往概括了整篇文章叙述的事件，我们可以尝试用取标题的方法写文案。

那些经典的短文案，往往都是极致简约的。比如，余额宝的文案是"会赚钱的钱包！"，百雀羚的文案是"陪你与时间作对！"。

2. 意外

文案的核心是吸引用户的注意，制造意外是抓住用户注意力最有效的办法。最常见的意外就是制造与众不同，制造与直觉相悖的内容。比如脑白金文案"今年过节不收礼，收礼只收脑白金"，可以说这就是凭借制造意外深入人心。过节送礼，礼尚往来，是中华民族的传统美德，但为什么"今年过节不收礼"，这就是制造与众不同。"收礼只收脑白金"这是为什么呢？我送别的礼物为什么不行呢？当受众人群在好奇心的驱使下完成这两个问题解答时，对脑白金这个产品的印象就比较深刻了。

如今是内容暴增信息爆炸的时代，对受众人群来说，大部分的内容和信息都是过眼云烟，根本无法在脑海中停留。那些足够调动人们的感官情绪，创造出足够多意外的内容，往往能让受众人群加深印象。

具体的方法有两个。一是打破常规。只有在表达方式、视角画面等方面打破常规才能脱颖而出。二是制造缺口。网上那些各种知识"贩卖者"，无非是利用受众人群的知识缺失，制造焦虑。趋利避害是人类的本能，从心理层面制造意义，打开需求，是制造意外的核心。

比如"6岁前，不培养孩子这个能力，上小学后追悔莫及"之类的内容，可能不太精彩，也没有什么内涵，但绝对能够吸引人。制造紧张感和不适感，让受众人群有兴趣了解这些内容。

3. 具体

人们天生对具体事物有好感，本能地排斥抽象的事物，记住具体事物的能力，往往远超记住抽象事物的能力。"简约"和"意外"的目的，在于吸引受众人群的关注，要想让受众人群理解并且记住文案的内容，我们就需要把需要表达的内容具体化。具体的表达，能够赋予文案更好的传播性和转换能力。

具体的方法：描述细节、打造场景、营造氛围等，能够加深用户对文案的理解和记忆。

比如大众汽车"甲壳虫"的某则广告：

这辆"甲壳虫"没通过测试。仪器板上杂物箱的镀铬装饰板有轻微损伤，这是一定要更换的。或许你根本不会注意到这些细微之处，但是检查员科特克朗诺一定会。我们在沃尔夫斯堡的工厂中有3389名工作人员，他们唯一的任务就是在生产过程中的每一阶段检验"甲壳虫"（我们每天生产3000辆"甲壳虫"，而检查员比生产的车还要多）。大众汽车常因肉眼所看不出的表面擦痕而被淘汰。最后的检查更是苛刻到了极点！大众汽车的检查员们把每辆车像流水一样送上检查台，接受 189 处检验，再冲向自动刹车点，在这一过程中，淘汰率是 2%，50 辆车总有 1 辆被淘汰！

"甲壳虫"的每则广告都是文案经典，极富感染力和画面感。而这则广告着重强调了车辆出场检查的苛刻、检查步骤的繁杂等细节。其实这样把文案具体化的目的，就是为了消除消费者购买时担心车辆质量不好的顾虑。

4. 可信

沟通的前提在于让用户信任自己，降低心理戒备。我们要像朋友一样推荐，而不是商家推销。对于需要推广的产品，文案创作者自己首先要相信它的质量和功能是最好的，而且最重要的是要让受众人群也相信它是最棒的，这样才有可能把产品推广出去。

让受众人群产生信任感的方法有很多，比如请明星代言，请权威部门认证，请使用过的用户分享，等等。不过，这些都是为广告文案传播、产品售卖做背书。

具体的方法：使用实际数据来说明问题，当你想要陈述一个观点的时候，有数据会显得这个观点更加明确具体，可信度也将大大提高。

比如，有一条网课的文案可以说把数据使用做到了极致。该文案为"5 个行业 12 个信息流优质案例，学习效果立马提升 80%"。

5. 走心

经典文案广告之所以能够长久流传，原因在于其唤醒和激发了用户的情感。那些传承久远的品牌，之所以能够影响深远，往往是因为它在用户心中已经是信仰一般的存在，就如奥美对于广告人，耐克对于体育人。

具体的方法：激发用户情感，让用户"在意"。

比如，红星二锅头的文案"用子弹放倒敌人，用二锅头放倒兄弟"；江小白的文案"不是成功来得慢，是你努力得不够狠！"。

6. 生动

用讲故事的方式，往往能把我们需要表达的内容，生动地传递出来。因为故事的本质就是能够生动地告诉人们待人处事的观点和方法，让人们容易接受或模仿，并进行深入的理解和思考。

　　文案中如果能穿插精彩的故事情节，往往能让受众人群深刻感受和了解我们所要表达的观点和内容。故事具有娱乐性和教育性的属性，可以让人们在故事情节中产生感悟。充满正能量的故事内容和情节，总能够带来一些意想不到的效果。把故事融入文案中，能够提升文案的表现力。

　　具体的方法：用讲故事的方式，讲述品牌奋斗史和研发的艰辛，讲述品牌创始人的成功史等。比如，陈欧代言聚美优品的广告中，他讲述自我的奋斗史，当时可谓大火了一把，如图 2-7 所示。

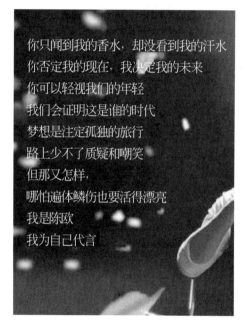

图 2-7　陈欧为聚美优品代言

　　找到好创意的方法有很多，遵循"简约、意外、具体、可信、走心、生动"的法则，是找到好创意的捷径。我们完全掌握了这些方法，并且认真严格地执行，才能够潜移默化地改变我们的思维和创作方式，创作出有营销力的文案。

三、利用创意素材库

　　对于文案创作者来说，写文案时，往往会遇到这种现象：写来写去都是同样一个路径，感觉脑袋好像卡壳了一样，思路好像在原地打转，没有灵感，找不到好点子。

出现这种现象，往往是因为知识储备匮乏，没有足够多的实战经验，缺乏足够的训练和积累。利用创意素材库，是解决这个问题的有效办法。

1. 搭建素材库，收集素材

收集行业问题。作为文案创作者，我们最起码应该了解"文案"这个行业，关注行业的动态。比如，我们可以去百度、贴吧、问答平台搜寻相关的问题，了解同行在关心什么问题，并且将比较常见的问题记录下来。因为这些问题之所以会出现在平台上，就说明有很多人遇到过同样的问题，有同样的疑惑。这样，我们就知道大家在关心什么，当你真正需要写文案的时候，就能比较容易地写出大家关心的"点"。

大量阅读经典案例。"学会唐诗三百首，不会作诗也会吟"，我们要大量地阅读经典案例，从多维度分析高手的创意特点、行文结构等文案构成要素，这样，当我们写文案时就能有更好的创作思路。毕竟，有好的输入，才可能有好的输出。

关注热点。互联网时代，追热点是很多新媒体从业者必做的工作，因为热点是一个天然的焦点，可以在短时间内获得大量的关注。比如，"阿里巴巴的马云是如何评价 996 的"等内容，能瞬间引爆流量获得关注。

尽量不要在朋友圈搜集热点，当我们在朋友圈看到一个热点事件时，往往该热点已经得到了持续的发酵，如果这时候再花时间去构思，可能已经晚了一步。关注热点最好的方式，可以每天查看微博的热搜，看百度等平台的热搜。

素材的来源还有很多，比如阅读过的文案专业书籍，看过的电影，看过的风景，甚至在生活中接触的每一件事物，都有可能成为素材的来源。

2. 激活素材库，让素材"活起来"

我们往往会产生这样的疑惑，明明平时自己刷了很多热点，阅读了大量案例，但还是解决不了根本问题，还是没有灵感，找不到好的创意。这种问题，就如我们学到了知识，却无法充分把学到的知识利用起来。

激活素材库，首先要找到"卖点"。比如，在网上流传的热点事件，"某车主花了 66 万元买了一辆车，还没开出大门就发现漏油，车主坐在引擎盖上维权"。看了这个关于汽车的热点事件，我们可以打开电脑文档，把感受到的点记录下来。

接下来，找到与热点相关联的词。比如事件中"汽车、场景、感受"是几个主要的内容。"汽车"会让我们想到一些品牌，"场景"会让我们想到"引擎盖、漏油、车内"，"感受"可能让我们联想到"哭、笑、闹"。

最后一步，可以将这些词连接起来。比如说汽车、漏油、闹，这三个词连接起来，你就会想到"某车主维权"的热点事件；某汽车、车内、哭，这三个词连接起来，我们就可能想起来之前流传的一个"观点"：宁愿坐在汽车里哭，也不愿坐在自行车上笑。

利用素材库找创意，就如储备好水源，搭建好管道，做好了相应的准备工作，写文案时就如拧开水龙头，"好创意"说不定就会"哗哗"地倾泻而出。

第五节　金字塔原理让文案具有逻辑性

我们假设这样一个情景：家里要举办一个小型家庭聚会，作为主人，我们要为客人准备一桌宴席，现在要去超市采购，要买鸡肉、鸭肉，还要买牛肉、青菜、洋葱……，还要买白酒、红酒、土豆、牛奶……

我们就算是把需要采购的东西写在一张纸上，购物时也有可能遗漏，因为需要买的物品太杂乱了。为了有利于大脑记住这些东西，我们会尝试将其分层和分类。

比如，第一层是大类，包括蔬菜、肉类、饮品。然后对每一个大类再往下分小类，蔬菜类包括青菜、洋葱、土豆；肉类包括鸡肉、鸭肉、牛肉；饮品包括白酒、红酒、牛奶。金字塔型购物清单如图 2-8 所示。

这样的话，我们就会更容易记住这些物品，不会漏买了。这就是人类大脑习惯记忆和接受事物的方式。上一层是对下一层的总结，下一层是对上一层的解释和支撑。我们思考、记忆以及解决问题的过程，显然都在使用这种分组和概括的方法，将大脑中的信息组成一个由互相关联的词语组成的巨大的金

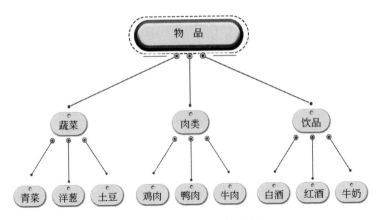

图 2-8　金字塔型购物清单

字塔。

那么，在文案写作中，为了让逻辑更清晰，说服力更强，选择金字塔结构是一种非常有效的方法。

一、什么是金字塔原理

《金字塔原理》的作者是哈佛商学院第一批女学员中的芭芭拉·明托，这是一本关于写作逻辑与思维逻辑的书，被很多人称为"文案圣经"。

1. 金字塔原理的定义

作者在书中介绍，金字塔原理是一种重点突出、逻辑清晰、主次分明的逻辑思路、表达方式和规范动作。

基本结构：中心思想明确，结论先行，以上统下，归类分组，逻辑递进。先重要后次要，先全局后细节，先结论后原因，先结果后过程。

训练表达者的能力：关注、挖掘受众的意图、需求、利益点、关注点、兴趣点和兴奋点，想清要说什么、怎么说，掌握表达的标准结构、规范动作。

帮助达到沟通目的：重点突出，思路清晰，主次分明，让受众有兴趣、能理解、能接受、记得住。

具体做法：自上而下表达，自下而上思考，纵向疑问回答、总结概括，横向归类分组、演绎归纳，用序言讲故事，用标题提炼思想精华。

简单地理解，金字塔原理就是按照结论先行、论据支撑这种写议论文的格式要求来写作和思考，如图 2-9 所示。

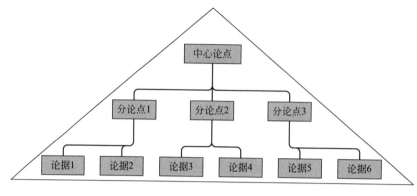

图 2-9　金字塔原理

2. 如何运用金字塔原理

如果说金字塔原理是一种工具，我们只有了解它的使用方法，它才能为我们的工作和学习提供实质性的帮助。结合《金字塔原理》的相关内容，我们可以从以下几个方面入手，掌握金字塔原理的四种使用方法。

（1）纵向要设定疑问，才能引发读者思考。在表达和写作中，我们容易陷入一种困境，自己表现得豪情万丈，对方却无动于衷。要想破解这个困境，可以按照"背景＋冲突＋疑问＋解答"的模式设定疑问。

比如，我们现在要使用金字塔原理纵向疑问的方式，推荐你使用金字塔原理。

背景：通过写作和演讲，可以提升一个人的影响力。

冲突：但是很多对写作和演讲感兴趣的人都有这样的困惑，总被人批评说写出来的文章没有逻辑；上台演讲，觉得自己讲得挺好的，听众却一脸茫然，好像根本没听明白演讲的内容。

疑问：不知道你是否在写作和表达中都存在这样的困扰，虽然对写作和演讲充满兴趣，也花时间学习了，但就是无法突破原有的瓶颈，这到底是什么原因呢？

解答：如果你在写作和表达中也遇到类似棘手的问题，那么推荐你去阅读一本书——《金字塔原理》，这本书也是麦肯锡公司认为必读的一本书，金字塔原理可以快速提高你的逻辑性、条理性，让你能够通过规范动作提升你的表达和写作能力。

（2）用好横向推理中的演绎推理和归纳推理。演绎推理是从一般到特殊的推理，前提和结论有一定的关系。比如，所有的人都会死——苏格拉底是人——苏格拉底会死。

归纳推理是从个别到一般的推理，根据收集到的个别信息归纳出一些共性。比如，从高效能人士的习惯中归纳出成功的几个要素。

归纳推理对于归纳总结的要求比较高，而且很难对事物进行完全归纳，如果归纳不完全，容易受到质疑。使用归纳逻辑时要先把结论、观点亮出来，再根据结论去寻找支撑结论的理由和要素。

说服人就用演绎推理，层层递进。说明理由和总结就用归纳推理，先说结论，然后再说明理由和措施，让对方易于接受。

当我们面对一堆无序、混乱的信息时，首先不要着急处理单个信息，而是要把信息分类，再逐步对症下药。

（3）使用 MECE 原则，不重、不剩、不漏。MECE（Mutually Exclusive Collectively Exhaustive）原则是金字塔原理重要的法则，其核心就是一条信息各部分之间"相互独立，完全穷尽"。MECE 原则可以培养我们的系统思考思维，能够把无序的东西变有序。比如，我们要做一个婚礼策划，有很多琐碎的工作要去执行，这时，我们可以按照婚礼的时间顺序，把琐碎工作归类为婚礼前、婚礼中、婚礼后这三件事情，这样我们的策划工作顿时就清晰有序了。

（4）一个中心，三个基本点。"道生一，一生二，二生三，三生万物。"当我们要表达或描写一个主题时，要保证有三个基本点来支撑，很多演讲高手都深谙此道。比如，乔布斯在斯坦福大学发表的演讲，讲了三个故事，三个故事串起来，表达的主题就是，跟随自己的内心，为自己而活；罗永浩在手机发布会上常用的介绍锤子手机的方式就是从以下三点出发：硬件配置、设计和工艺、操作系统和软件。

使用金字塔原理进行写作，可以让整体的逻辑结构合理，必要时也可以立即确认细节，可以列出每个层级的信息，并且比较彼此之间是否具有统一性。不管是关键信息，还是次要信息，只要属于同一层级，都可以立即检查里面的信息量、信息种类、表现风格等是否统一。

二、如何用金字塔原理写文案

　　盖房子之前，要先设计好图纸，搭建框架，然后再添砖加瓦。写文案就如盖房子，也要先做好设计图。最有效的文案设计图，就是金字塔结构。学会了设计金字塔结构，我们的文案逻辑就会更清晰，表达就更有说服力。

　　金字塔原理是以思考的逻辑、表达的逻辑、演示的逻辑为核心，挖掘受众需求点，确定需要表达的内容，选择基本结构进行规范动作的原理。

　　新媒体文案写作是一个以用户为中心，挖掘用户痛点，进行内容定位，在目的明确的基础上，安排内容结构，进行文案撰写的过程。

　　因此，金字塔原理非常适合运用到新媒体文案写作中，如图 2-10 所示。

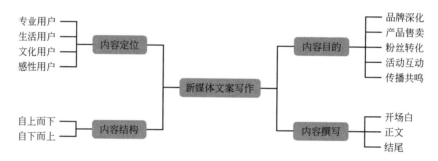

图 2-10　新媒体文案写作原理

　　（1）内容定位。金字塔原理提出，在思考、表达、演示的过程中，要抓住重点对象，根据对方的喜好组织逻辑。写新媒体文案也是如此，以用户为导向，根据用户的喜好，输出相应的内容。

　　（2）内容目的。金字塔原理提出，在表达和写作中，最终要达到的效果是思路清晰、重点突出，受众感兴趣、能理解并且记得住。也就是说，我们必须知道自己创作文案的目的是什么，目的不同，行为就会不同。

　　我们写新媒体文案要达到品牌深化、产品售卖、粉丝转化、活动互动、传播共鸣的目的，对于不同的目的，我们要表述的重点内容也不同。品牌深化：内容中要增加品牌的曝光度、树立品牌形象、提高品牌价值。产品售卖：内容要围绕产品相关的功能、益处等一系列因素进行展开。粉丝转化：内容中要重点描述平台能够给用户带来的利益。活动互动：内容中要有活动时间、参与方式、奖项设置、兑换制度以及发货时间等。传播共鸣：内容要不断刺激用户痛点，以对等聊天形式引起用户共鸣。

（3）内容结构。金字塔原理的基本结构是结论先行、以上统下、归类分组、逻辑递进。先重要后次要，先总结后具体，先框架后细节，先结论后原因，先结果后过程，先论点后论据。

运用到新媒体文案上，关于内容划分可以有两种结构。一是自上而下法：以上统下，结论先行，先总结后具体，先框架后细节。二是自下而上法：归类分组，逻辑递进，可以以时间、结构为顺序，也可以以程度为顺序，按照最重要、次要、最次要的逻辑顺序得出结论。

（4）内容撰写。《金字塔原理》中提到，文章有序言、正文和结尾，序言非常重要，主要运用 SCQA 结构进行布局；同时在正文的构建中，可以采用自上而下法或者自下而上法，运用 MECE 原则，确保各分点相互独立，完全穷尽。

① 序言。序言也就是新媒体的开场白，在《金字塔原理》中，作者认为序言要以讲故事的模式展开，只有这样，读者才会专注于我们的主题，对我们的文章感兴趣。序言不仅可以直接点出主题，而且能拉近作者和读者的距离。

故事的构成离不开背景、冲突、疑问、答案这样的结构要素，序言也是由这四个要素构成，称之为 SCQA 结构。S（situation，情景），由大家都熟悉的情景、事实引入；C（complication，冲突），实际情况往往和我们的要求有冲突；Q（question，疑问），怎么办；A（answer，回答），给出解决方案。

在新媒体文案的写作上，SCQA 结构有四个公式，具体如下。

标准式：情景 S——冲突 C——解决 A

开门见山式：解决 A——情景 S——冲突 C

突出忧虑式：冲突 C——情景 S——解决 A

突出信心式：疑问 Q——情景 S——冲突 C——解决 A

② 正文。开场白之后，开始撰写正文，就是根据选择的结构，对各要点以场景制造、数据摆放、举例论证等方式进行描述，再以 MECE 原则进行检查确认。

MECE 是"相互独立，完全穷尽"的意思，也就是对于一个重大的议题，对其分类能够做到不重叠、不遗漏，而且能够有效把握问题的核心，并找到解决问题的方法。关于 MECE 原则，我们可以用一张图来表示，如图 2-11 所示。

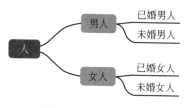

图 2-11 MECE 原则

下一层是对上一层的穷尽，即 CE，并列层之间相互独立，即 ME。

③ 结尾。结尾就是总结概括整篇内容，对要点、重点的再次提醒。

总结一下，利用金字塔原理进行新媒体文案创作，就是以用户为中心，抓需求点，明确目标，用自上而下法或者自下而上法划分文章结构，用 SCQA 结构撰写开场白，以 MECE 原则检查正文各论据内容是否完备，最后进行总结强调。

利用金字塔原理写新媒体文案，可以让我们理清写文案的基本思路、方向和结构，帮助我们在短时间里撰写出一篇完整的文案。

第六节 发散思维，强化文案的代入感

所谓"代入感"，一般是指在小说、影视作品或游戏中读者、观众或玩家产生一种自己代替了小说或游戏之中的人物而产生的一种身临其境的感觉。

那么，文案的代入感，就意味着通过文案可以让读者身临其境，感同身受。写文案时，我们可以发散思维，从以下几个维度考虑代入感的问题。

一、角色代入

我们写文案前，要锁定受众人群，他们是年轻人还是中老年人？是高薪人士还是工薪阶层？是大学生还是初入职场的新人？是家长还是教师？受众人群越精准，越有利于确定代入方式和营造代入氛围。如果没有锁定代入对

象，文案的受众人群不精准，那么要想写出有代入感的文案肯定是无从下手的。

我们看下面这条以"花点时间陪伴老人"为核心的公益广告。

我父母在一起的时候，我几乎听不到他们争执。

每个月底，父亲都把薪水放在福米卡家具塑料贴画的餐桌上。

拿走一点买烟的零用钱后，母亲一言不发就把钱放在活动茶几里。

我父亲爱我母亲，但这些都是默默的，从来说不出口。

母亲会默默地把父亲最喜欢的茶和饼干放在他面前。

要是有一颗衬衣纽扣坏了，母亲会一声不响地给换上。

父亲不用说话，母亲就知道在他的大浅盘里加上一份米饭。

饭后，父亲坐在他最喜欢的扶手椅上，开始看报纸。

我们小孩子没有一个敢打破这种安静。

结婚四十二年后，突然有一天，母亲去世了。

父亲在七十二岁的时候学着泡了第一杯茶。

他的视力也越来越差，只能看看标题了。

但变化最大的是，父亲开始让屋里充满声音。

电视唱，广播响。

父亲喜欢的安静已经成为过去。

一个寒冬的深夜，父亲告诉我原因。

"要是没有人陪，安静真让人受不了。"他说。

花一点时间陪老人。

在这篇文案中，创作者通过生动细腻的描述，让一对老夫妻的形象跃然纸上。当读者被文案的情节感动时，很容易就会把自己的父母代入到文案中，从而引发情感上的共鸣。

为了更好地产生代入感，我们可以在文案中设计一个与目标人群相似的角色，角色属性与读者越接近，越容易让读者产生代入感。

二、情感代入

同样从情感的角度切入，引发受众人群共鸣的经典文案有芝华士的父亲节长文案。

　　因为我已经认识了你一生

　　因为一辆红色的 Rudge 自行车曾经使我成为街上最幸福的男孩

　　因为你允许我在草坪上玩蟋蟀

　　因为你的支票本在我的支持下总是很忙碌

　　因为我们的房子里总是充满书和笑声

　　因为你付出无数个星期六的早晨来看一个小男孩玩橄榄球

　　因为你坐在桌前工作而我躺在床上睡觉的无数个夜晚

　　因为你从不谈论鸟类和蜜蜂来使我难堪

　　因为我知道你的皮夹中有一张褪了色的关于我获得奖学金的剪报

　　因为你总是让我把鞋跟擦得和鞋尖一样亮

　　因为你已经 38 次记住了我的生日，甚至比 38 次更多

　　因为我们见面时你依然拥抱我

　　因为你依然为妈妈买花

　　因为你有比实际年龄更多的白发，而我知道是谁帮助它们生长出来

　　因为你是一位了不起的爷爷

　　因为你让我的妻子感到她是这个家庭的一员

　　因为我上一次请你吃饭时你还是想去麦当劳

　　因为在我需要时，你总会在我的身边

　　因为你允许我犯自己的错误，而从没有一次说让我告诉你怎么做

　　因为你依然假装只在阅读时才需要眼镜

　　因为我没有像我应该的那样经常说谢谢你

　　因为今天是父亲节

　　因为假如你不值得送 Chivas Regal 这样的礼物

　　还有谁值得

　　文案的目的是卖产品，但是创作者几乎用了 99% 的篇幅去引发受众群体的情感共鸣，结尾才把销售产品的目的抛出来。读者的情感产生了共鸣后，很容易就得出这样的结论：我也有一位这样的父亲，他值得拥有 Chivas Regal，我要送他 Chivas Regal，因为我爱他！

三、利益代入

对于读者来说，关注和自己利益相关的信息是本能。如果文案写出了产品能给读者带来哪些利益，读者就更容易产生代入感。比如，一款网红樱花裤的文案就写出了读者下单买产品会获得的利益。

为什么这条裤子这么受欢迎？主要是因为它百搭、舒适又保暖。樱花裤的正宗来源是日本，仿品只能仿得了外观，仿不了质量。市面上的仿品使用仿兔毛，穿久了便会变形、鼓包、起皱。

正品今年做了整体的升级，一是长度应广大朋友要求加长了！二是外面的面料采用的是羊毛色纺，里层则是德绒，也就是大牌内衣最青睐的婴儿绒，穿上后保暖舒适都不在话下。现在一条内层德绒的裤子随随便便都要 200 多元，这条樱花裤我们跟品牌磨破嘴皮要到了别家都没有的超值优惠价，市场价 179 元一条，粉丝优惠一条立省 61 元，只要 118 元，前 300 名再赠同款颜色收纳包一个。

在有些产品文案中，只描述眼前利益可能打动不了目标群体，这时就需要给读者讲出未来的利益。比如，招聘文案中，目前几千块的工资可能不能打动应聘者，但可以用分红、股权等长期利益来吸引应聘者。文案可以描绘蓝图展望一下未来，比如可以写经过发展，公司销售额达到多少后，员工可享受多少分红，股权换算下来有多少钱，等等。再比如卖房子的文案，现在位置虽然有些偏僻，但可以写五年后，医院、学校、公园这些公共设施都会配置齐全等。

四、画面代入

充满画面感的文案，经过细节描写，往往比简单叙述更吸引人。有代入感的文案未必有画面感，但有画面感的文案一定有代入感。

要论画面感，《舌尖上的中国》的文案可以称得上经典，我们随意感受一段便知。

交通不便的年代，人们远行时，会携带能长期保存的食物，它们被统称为路菜，路菜不只用来果腹，更是主人习惯的家乡味道。看似寂寞的路途，因为四川女人的存在，而变得生趣盎然。妻子甚至会用简单的工作，制作出豆花，这是川渝一带最简单最开胃的美食。通过加热，卤水使蛋白质分子连接成网状结构，豆花实际上就是大豆蛋白质重新组合的凝胶，挤出水分，力度的变化决定豆花的口感，简陋的帐篷里，一幕奇观开始呈现。现在是佐料时间，提神的香菜，清凉的薄荷，酥脆的油炸花生，还有酸辣清冽的泡菜，所有的一切，足以令人忘记远行的疲惫。

五、心理代入

哈雷摩托车因其激情、自由、勇敢、个性的象征，深受全球消费者青睐。哈雷将世界领先的摩托车运动休闲生活方式带到中国，2016 年，哈雷结合国庆假期，设计了系列假期日历海报（图 2-12），让受众群体感受到品牌精神，展现了属于哈雷独特的假日风格。

图 2-12　哈雷系列假期日历海报

这样的文案容易打动受众群体的心，就可以有效地产生代入感：骑着哈雷摩托车探索世界，与朋友聚会，这样的假期好像才算有意义！

第三章

这样写标题，让文案阅读量快速突破 10 万

第一节　标题是文案的命脉

广告大师大卫·奥格威曾说过："标题在大部分广告中，都是最重要的元素，它能够决定读者会不会看这则广告。"一般来说，读标题的人比读内容的人多出 4 倍。换句话说，你所写的标题的价值将是整个广告预算的 80%。

好的标题，第一时间就能抓住读者的眼球。传统媒体看封面，新媒体看标题，可以说，标题直接决定着文案的命脉。如果文案标题不能在第一时间内吸引读者的眼球，那么这样的文案极有可能会面临着失败。

一、标题的作用

吸引注意。吸引读者眼球是标题的第一使命。

（1）筛选读者。一篇文案很难满足所有读者人群的需要，我们起标题的时候尽量筛选目标读者，剔除非目标读者。

（2）传递完整的信息。大卫·奥格威认为，80% 的读者只看广告标题而不看正文。我们的标题必须要陈述一个完整的事实，让读者即使不阅读正文也能

大概了解文案要传达的意思。

（3）引导读者阅读正文。约瑟夫·休格曼在《文案训练手册》中说过："一个广告里的所有元素，首先都是为一个目的而存在，就是使读者阅读这篇文案的第一句话，仅此而已。"文案标题如果不能引导读者阅读正文，将很难达到文案的目的，更别谈说服读者去购买产品了。

二、标题写作的步骤

确定主题。取标题之前，我们首先要确定文案的主题，也就是我们通过这篇文案打算向读者群体传达什么信息，要说明文案的目的是什么。比如，我们要先确定，这篇文案的目的是品牌推广还是产品销售。

提问思考。我们要用开放式问题进行思考，我们推广的内容有什么特色，我们的受众群体是谁，我们能向读者群体提供什么价值……提问思考的目的，就是为了找出顾客所需要的卖点，并写在标题中。

列出与主题相关的词语清单。我们可以在电脑空白文档或者在一张纸上列出与主题相关的所有词语，然后对这些词语进行随机组合。词语清单法能刺激我们的思考，发挥我们的想象。比如我们要写推广化妆品的文案，相关的词语可以是美白、补水、紧致、原料、进口等。

检验与打磨。奥格威写一个标题要修改 16 遍以上，霍普金斯写一个标题至少花 2 小时以上，好的标题是经过千锤百炼修改打磨出来的。我们写好一个标题后，要根据文案标题的作用，检验标题是否有效，标题还存在哪些问题，如何打磨修改。如果标题无效或者存在瑕疵，我们要一直打磨到自己满意为止。

建立标题素材库。我们还需要建立自己的标题素材库。比如，我们每天可以花费一点时间，在专业门户网站的首页看看精选文章的标题，因为首页的文章都是编辑们精挑细选出来的。如果我们愿意在列表中打开哪个标题，说明这个标题具备一定的吸引力，那么我们就要仔细分析标题的亮点在哪里。然后，把吸引我们的标题和经过拆解总结出来的经验整理后保存在素材库中。日积月累，我们将拥有一个"宝库"，源源不断地给我们提供写标题的灵感和素材。

第二节　取标题要注意的 5 点

对于很多文案创作者来说，取标题花费的时间，往往和撰写正文用的时间是相同的。要想取个好标题，我们首先要了解需要规避哪些思维误区，毕竟，避开弯路才更容易找到正途。

取标题需要注意的 5 点，如图 3-1 所示。

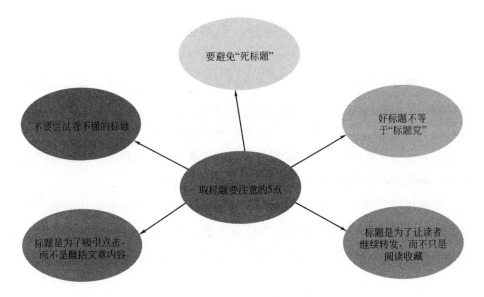

图 3-1　取标题要注意的 5 点

一、标题是为了吸引点击，而不是概括文章内容

在纸媒时代，一篇文章的标题，往往是文章的中心思想，能概括文章的主要内容。新媒体推送模式都是让受众先看到标题，然后才能看到文章，如果不点击进去，文章其实没有任何效果。所以新媒体标题的主要作用不是概括文章的内容，而是吸引点击。

文案创作者和读者受众针对一篇新媒体文案的切入角度是不同的，创作者一般是根据自己要表达的内容取标题，而读者受众是根据标题是否有吸引力而决定是否阅读正文。创作者往往觉得自己的标题和正文内容很贴切，贴切但不吸引人的标题是无效标题。

比如我们要为一个线上课程写文案。原标题为"1分钟，让你了解英文发音小技巧"。这个标题虽然贴切地概括了文章的中心思想，但读者不一定想去看这篇文章。

我们可以把标题修改为"1小时卖出98份的线上课程，再不抢就没有了"。可能文章并不是阐述这样的中心思想，但是显然修改后的标题会比原标题更能吸引读者点击。

二、标题是为了让读者继续转发，而不只是阅读收藏

纸媒时代，我们在《知音》或者《读者》杂志里，读到了一篇自己感觉特别好的文章，我们不一定因为这篇文章去买杂志寄给朋友。新媒体时代，我们看到喜欢的文章，随手点击转发是件很容易的事情，所以新媒体的目的是继续传播，而不只是阅读和收藏。新媒体文案创作者，写出来的文案能得到广泛的传播，扩大读者受众群体，是提高转化率的关键因素。

比如我们要为一个婚礼策划公司写文案，原标题为《婚礼策划必须要知道的细节》。这个标题可能会引导读者收藏文章，但读者不一定会转发给朋友。我们可以修改为《×××（明星）婚礼策划细节，大家快来看啊》。

三、好标题不等于"标题党"

微信公众号刚开始崛起时，很多新媒体人都强调新媒体标题必须要标新立异，"标题党"因此层出不穷。所谓的"标题党"，就是以吸引关注和点击为目的，不择手段甚至文不对题。

"标题党"纯靠套路了无新意，要么是格式化的套路，要么是稀奇古怪的符号，要么就是无原则地吹大牛，比如"出大事了，50岁的女人返老还童，竟然是吃了这个"之类的标题。还有一类更让人气愤的，那就是诅咒转发，比如"为了母亲的长寿，必须转发"之类的标题，潜台词就是"不转发，母亲就不长寿"，读者看了这类标题，即使勉为其难转发了文案，也不会对文案推广

的产品感兴趣。

"标题党"写出来的标题，虽然能够吸引点击，但是它可能与品牌产品完全不相关。而且会因为标题含有浮夸、虚假、造谣等不良信息，损害品牌形象。

四、要避免"死标题"

"死标题"可能常出现在工业品企业的文章标题中，比如"价值非凡""品质优良"等一些空洞无意义的词语，当文案创作者把这些几乎没有任何意义的词组合在一起时，就等于写出了一个"死标题"。

常见的"死标题"，如《××××公司，一家卓越不凡的企业》《×××产品，优良品质、价值非凡》《×××产品，给你提供最满意的服务》。

还有一种常见的"死标题"，就是就把公司全称、活动名称加粗并扩大字号放进标题里。如果你看见一个名不见经传的企业的这种推广信息，你会点开吗？

五、不要尝试看不懂的标题

大家可能会有这种感觉，有些大品牌的文案，尤其是国外大品牌的文案，我们看完后会感觉半懂不懂。可能真的会出现这种情况，但是我们需要搞清楚的是，那些大品牌本身就已经成为讨论的话题，他们的广告目的是为了品牌宣传。

比如，阿里巴巴、滴滴等企业的文章，即使不知道标题讲的是什么，读者看到标题中有"马云""滴滴"这样的词语，就会条件反射一样去点击。当文案推广的企业没有大品牌的背书时，我们需要通过标题，让读者受众初步知道我们要讲什么。

第三节　爆款文案取标题的原则和必备的元素

那些瞬间激发用户阅读兴趣，提高文案阅读量的标题到底是怎么创作出来的呢？其实，万物皆有规律，一切都有迹可循，我们如果能分析 1000 篇爆款文案的标题，肯定能够总结出一些爆款文案取标题应该遵循的原则，以及这些文案标题都具有哪些爆款元素。

一、爆款文案取标题需要坚持 3 个原则

取文案标题时，如果能遵循以下原则，我们差不多可以在标题上打败 80％的文案了。

1. 超越目标用户

在大街上，如果听到有人喊我们的名字，我们就会下意识地回头。为什么会这样呢？这是因为我们会下意识地觉得自己就是目标，有一种想探究或迎合的冲动。标题创作也是这个道理，如果能在标题中适当加入女人、男人、父母等目标人群，就会吸引相关人群的注意力。

为了让文案吸引更多用户，被更多用户点击阅读，我们在确定目标受众时，不能只考虑核心用户是否看得懂，还要保证我们的文案被核心用户分享出去之后，核心用户朋友圈里的人是否也能看得懂。所以，我们取标题考虑受众群体时，一定要超越目标用户。

什么叫超越目标用户呢？比如，一篇关于华为手机的文案，标题为《华为手机的 5 个秘密，一般人都不知道》。如果遵循"超越目标用户"的原则去修改这个标题，我们就可以把所有使用安卓手机的用户囊括进来，那标题应该是《安卓手机里的 5 个秘密，一般人都不知道》。这样一来，目标用户至少扩大100 倍。

文案要写给目标用户看，但是取标题时，最好能把潜在目标用户也吸引过来。

2. 标题突出关键词语

据统计，平均每个用户关注了 200 个公众号，下载了 2 个信息类 App，加入了 120 个微信社群。在竞争如此激烈的情况下，我们的文案要想抓住用户的眼球脱颖而出，文案标题里必须具备用户敏感的关键词，以吸引用户的注意。

那么，怎么找到关键词呢？关键词一定是用户所熟知的，比如用户是社群行业，"引流""变现""10 万＋"等词语，就对社群玩家比较有吸引力。另外，将关键词前置、用符号注明关键词等方法，也容易吸引受众群体的注意。

3. 多做用户调查

我们写完一篇文案，肯定希望它能够影响更多的用户。为了增强标题吸引读者注意的效果，我们可以多做用户调查。也就是说，我们可以取 3～5 个自己觉得好的标题，然后咨询几个核心用户，征求一些意见。

新媒体人做社群运营，无论是写了文案还是做了海报，都会做 AB 测试（分组测试），看看哪个标题更好、哪个海报更吸引人。如果不方便做用户调查，我们咨询同事、朋友也是可以的。

二、文案标题的爆款元素有哪些

分析爆款文案的标题，我们就会发现，这些文案标题通常都含有引发用户点击阅读并且疯狂传播的爆款元素，如图 3-2 所示。

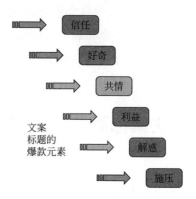

图 3-2 文案标题的爆款元素

（1）信任。在交易、交往中，如果没有信任，一切都无从谈起。所以，在标题中加入"信任"这一元素，主要是为了辅助增强内容的可信度，从而提高它在读者心中的形象地位。比如《你的前半生，躲不过这些人生大问题》《马云看了这些视频都说好》。

（2）好奇。好奇可能是人类的第一大生产力，标题如果能成功地调动目标人群的胃口，变成爆款文案，可能就是几分钟的事情。比如《用这个笨方法，我3个月竟然学会了英语口语》《工作一年存款百万，他是怎么做到的》。

（3）共情。标题中传达的情绪，能让目标群体产生强烈的共鸣。比如《婚姻不是爱情的坟墓，不爱才是》《我把你当朋友，你却只想收我份子钱!》。

（4）利益。人都是趋利避害的，标题若直接或间接反映出和目标群体息息相关的利益问题，往往更能吸引目标人群的注意力。比如《关于加薪，老板绝对不会告诉你的4个秘密》。

（5）解惑。针对目标人群普遍存在的疑问，文案标题给出了答案。目标人群看到这样的标题，抱着想看解决方案的想法，往往就会点击标题打开阅读。比如《如何发邮件请求帮助，并获得超高回复率?》。

（6）施压。什么是施压呢？就是目标群体害怕什么，我们就把这些内容挖掘并呈现出来，也就是施加压力制造恐慌。当然，标题的核心思想依然是解决目标群体的压力、焦虑、恐惧、烦恼等问题，只不过，这个元素是取标题时可以利用的一个很有力的工具。比如《你难道愿意让宝宝吃了这些后送医院?》《比你失业更可怕的是你孩子即将失业》。

取标题的核心在于精准表达，只要意思传达到位，能打动目标群体就行了，不一定把所有爆款元素全融入一个标题。掌握取标题的基础理论，多加练习，坚持下去，写出爆款标题也不是多难的事情。

第四节　文案标题的6大主流类型

新媒体文案标题看起来五花八门，其实万变不离其宗，归纳总结起来，主流类型无非就是以下几大类。

一、权威性标题

文案标题要想吸引受众群体，让他们愿意关注、打开阅读，并且产生信任感，我们的标题就要有权威性。那么，我们如何让文案标题具有权威性呢？

1. 新闻社论法

相比之下，大多数人喜欢看新闻而不太喜欢看广告，因为新闻比较有趣、有权威性，而广告的商业味道太浓。为了吸引读者打开文案，我们可以把文案"伪装"成新闻，从而提高点击阅读量。比如，一个电商网站开办购物头条版块，发布各类购物咨询导流。

文案标题：《明星同款球鞋 6 折起优惠大促中》

显而易见，这个标题缺乏亮点，很快就会被淹没，阅读量只有几百。

修改后的标题：《2018 年 NBA 全明星赛场上鞋照全曝光，有一款今年 6 折！》

修改标题后，文章阅读量飙升到 9875。

写出富有新闻感的标题，需要三个要素。一是添加新闻主角。把需要推广的品牌和新闻焦点关联起来，比如明星地区好莱坞、硅谷等，或者明星企业苹果、星巴克等，以及明星人物巴菲特、梅西等。二是加入即时性词语。比如现在、今天、年份、这个春天、本周六等，人们总是更关注最新发生的事情。三是加入重大新闻常用词。比如全新、新款、上市、曝光、突破、蹿红、风靡等，让读者感受到"有大事发生"。

2. 使用数字法

数字简单明了，数字的总结能力也很强。在文案标题中使用数字，可以提高标题的严谨性，从而产生说服力，具有一定的权威性。比如，排名第一的××，十大××，这样的句子容易引起人们的好奇心。

在标题中使用数字，要注意以下几方面的问题。

（1）与文章卖点无关的数据，只能叫作数字，这种数字没有意义。比如《这个课程用 100 节课，1000 个案例，让我的工资涨了不少》，课程和案例的多少，与"涨薪水"这个主题没有关系，如果卖点是涨工资或者是用很短的时间就可以涨工资的话，那么标题可以修改为《学习这个课程 3 个月，我的工资就涨了 1 倍》。

（2）用量化的数字，调动读者的情绪。比如《××的营销攻略，都在这篇文章里了》，这样的标题有些平淡，我们可以放入一个数据引起读者的关注，可以把标题修改为《××创造 300 亿元利润的秘密，都在这篇文章里了》。

（3）用对比，让小数字变成大数字。比如《文案小白终于拿到了 1 万元月薪，分享我的血泪奋斗史》，直白地说月薪 1 万元，没有对比，读者没有什么概念。这时候可以制造一个对比，标题可以修改为《一年之内月薪翻 10 倍，分享一个文案小白的血泪奋斗史》。

（4）使用数字，把文章内容的价值可视化。比如《如何写出走心的文案》，看了标题，读者可能会产生"什么是走心"这样的疑问，我们可以用数字将其具象化，标题可以修改为《月薪 3 千元文案与月薪 3 万元文案的区别》。

3. "傍大款"法

每个人或多或少都有膜拜权威的心理，所以当标题中出现名企、名人、名校等字眼时，自然就提高了吸引力。

使用"傍大款"的办法，我们可以"傍名人"，比如《这个视频，连××看了都说好》《×××都来参加××会了，你还等什么》。也可以"傍名企"比如《2019 年移动互联网创业模式都在这里了》，这样的标题显得有些平淡，而且没有什么权威性，我们用名企做背书，可以把标题修改为《×××投资人谈 2019 年移动互联网创业模式》。

二、故事性标题

人们天生就爱读故事，如果把文案标题包装成故事标题，就可以提高标题的吸引力了。当然，我们这里说的故事性，就是故事要有冲突、有反差，能够勾起读者的好奇心，让读者忍不住打开标题阅读正文。

使用故事性标题，要注意以下两个方面的问题。

1. 字数足够多

标题也概括一个小故事，那么字数太少，可能根本无法把故事性体现出来。所以，故事性的标题，通常字数都比较多。由于标题字数比较多，为了方便读者阅读，在表现方式上，最好用标点符号断句。

例如：

《他是×××的摄影师，5 年用手机拍下近 30000 张照片，只为一句"我爱你"》

《这个男人在 9 平米的出租屋里拉面 46 年，有人为了等一碗面竟然可以排队 9 小时》

2. 故事要具有戏剧性

标题里的小故事，要突出一些正常人无法经历的、做不到的、具有传奇色彩和戏剧色彩的经历。

例如：

《56 岁才创业，如今利润却是××的 1.5 倍，他是个让对手发抖的人！》

《17 岁他说要把海洋洗干净，没人相信，21 岁他做到了！》

制造反差是让故事具有戏剧性最好的办法，制造反差，可以从故事的主角切入。学历和职业反差，比如《北大高材生卖猪肉》《辞掉硅谷工作回国卖小龙虾》以及《17 岁的小姑娘当上了 CEO》等；年龄反差，比如《84 岁老翁自创美妆品牌》和《高中生获千万融资》等；境遇反差，比如《穷小子迎娶了白富美》《网瘾少年变身千万富豪》以及《从破庙办公到年赚 13 亿元》等。

三、共鸣式标题

共鸣是一个物理名词，一般指物体因共振而发声的现象。比如两个频率相同的音叉靠近，其中一个振动发声时，另一个也会发声。我们这里说的共鸣，显然是心灵上的共振而产生的认同感。

如果文案创作者通过标题，能让读者产生心灵上的共鸣，他们就会在情绪上和行动上表现出来。比如：打开标题阅读内容，对文案推广的产品感兴趣，把文案转发出去，等等。那么，我们如何让读者对标题产生共鸣呢？

1. 给用户分类，贴标签

给某个领域或者圈层的人贴上标签，深挖此类用户的痛点，往往更容易让对方产生共鸣。

例如：

《新媒体运营，你是怎样一边脱发一边加班的？》

《"90后"对"80后"喊话：超越你的时候，我们从来不说抱歉》

《那个在朋友圈晒加班的同事被开除了》

2. 获得用户情感上的认同

唤醒目标群体的记忆，引爆目标群体的情绪，从而引发他们的共鸣。

例如：

《妈，我可能真的结不了婚了！》

《你凭什么说我不善良？》

四、利益式标题

人们对能给自己带来利益的事情，会发自本能地感兴趣。我们在文案标题中或明或暗地向读者受众展示一些好处，他们可能就会下意识地点开标题进行阅读。利益式标题，可以分以下几种。

（1）直接优惠。逢年过节，各行各业都要搞促销。没节日，制造节日也要做促销，所以优惠类标题是我们最常写的标题。

比如，我们要给一款促销品写文案，标题如果是《日本进口内衣5折优惠》，这样的标题显然不会在市场上引起巨大的反响。

另外一家平台同样推广这款内衣，文案标题却是《这款日本内衣卖疯了，前300套半价198元》，很显然，这样的标题更容易引发读者点击的冲动。

写惊喜优惠类文案的标题，首先要给出产品亮点，比如我们可以写"进口产品""明星同款""爆款畅销"等。接着要写清优惠政策，比如"买一送一""省了98元""100元抵200元用""98元抢"等，尽量要用具体的数字打动读者受众，而不是"5折优惠""降价"这样比较笼统的词语。最后还要限时限量，制造产品的稀缺性，引导读者产生"再不下单就抢不到了"的想法。

（2）暗示有利益。一家电商网站调研了市面上10款美白产品，精心写出了一篇测评文章，目的其实是推广该网站上的美白产品。如此用心地推广一个产品，文案标题该怎么写才能迅速吸引读者点击呢？

《市场主流美白产品测评报告》这样的标题太直白，而且没有什么吸引力。修改为《恭喜你，看到了这篇最靠谱的美白产品测评报告》，这样是不是顿时就拉近了读者和产品之间的距离呢？

"恭喜你"这个词语，会迅速让读者闪现出一系列的念头，"为什么恭喜我?""我会占到便宜吗?""我会有好运吗?"。闪念之间，可能已经下意识地点开了标题。

另外，"恭喜你""最靠谱"这样口语化的词语，更容易感染读者，吸引读者阅读。

（3）只要付出一小点，就会有巨大收获。比如《巧用过年 7 天短期理财，实现 12.5 倍收益》《PPT 丑爆影响升职加薪？超级大牛手把手教你零基础做出高颜值 PPT》。

（4）针对问题，给出解决方案。每个人都会有遇到问题的时候，可能是肥胖、皮肤粗糙，也可能是不会理财或者工作能力欠缺。如果我们在文案标题中，直接指出读者存在的问题，并且给出具体的解决方案，这样无疑也是给目标群体带来好处和利益，就会迅速吸引目标群体的注意。比如《手残党福利：5 分钟就能给自己换个新发型》和《鼻炎鼻塞"死对头"！天然植物护鼻油，让你畅快呼吸》。

五、悬疑式标题

我们可以把悬疑式标题，分为悬念式标题和疑问式标题去理解。这两种标题的主要区别是悬念式标题往往看似给出了答案，却没有一语中的，而是"犹抱琵琶半遮面"，给读者留下悬念，吸引读者打开正文阅读；疑问式标题则比较直接，在标题中直截了当提出问题，想看答案，必须打开正文。

1. 悬念式标题

悬念式标题，必须搭配利益才能发挥最大的作用，制造悬念的同时又能让读者知道读完文章能收获到什么。在结构上，悬念式标题的前半部分往往是描述一个比较极端的场景或者情况，后半部分加上"这样""这几种"等词语，给人留下悬念。

比如，《真正宠你的男人，会这样对你》《恋爱时，男人最烦女人这八种行为》。

读者看完标题，就会产生极大的兴趣"宠我的男人到底会怎么对我？""恋爱时男人最烦女人哪些行为？"打开标题阅读正文后，读者就会有收获，知道了"原来，宠我的男人是这么对我的""恋爱中的男人，原来讨厌女人的这些行为"。

2. 疑问式标题

疑问式标题容易引起读者的注意和好奇，促使读者产生一种一探究竟的渴望，容易让读者产生行动。

比如，《为什么你参加了很多培训，却依然一无所获？》《如何从零开始成为新媒体营销专家》。

六、痛点标题

新媒体运营越来越侧重于痛点营销，简单地说，痛点营销就是满足消费者的需要，就是让用户明白，我们推广的产品，会减轻或者消除他面临的痛苦。如果用户不购买我们推广的产品，他可能会面临更大的痛苦。

人性的弱点，可能在人际交往的时候会暴露出来。我们终其一生，都在与人性的弱点做斗争。

1. 傲慢

傲慢的本质是优越感，《我为什么拒绝谷歌的百万年薪？》这样的标题，就满足了读者"炫耀、虚荣"的心理。

2. 嫉妒

嫉妒的本质是想成为对方，是不满、吐槽、攀比，比如《为何当年学习比你差的同学，现在却年薪百万》，这样的标题，就很好地诠释了人们的嫉妒心理。

3. 懒惰

懒惰的本质是少干多得，或者干脆不劳而获。比如《阅读量超 10 万的标题到底该怎么取，这一篇文章就够了》看一篇文章就能学会取一个阅读量超过 10 万的标题，这就是少干多得的典型体现。再比如《新年礼物！拖延症晚期也能 1 年读完 100 本书》，谁都喜欢新年礼物，人天生就喜欢别人送自己东西，这个礼物还能"治懒病"，读者想要的话一定会点进去看。

4. 贪婪

贪婪的本质是希望占据更多，比如《1 个好的创意可以帮你省掉 30000 元的预算》，能帮读者省钱，也就是让读者拥有更多的钱，那么读者肯定急于知道，这个创意到底是什么。

新媒体文案的主流标题，大概就是以上的 6 种类型。这 6 种类型相互独立，又相互关联。我们取标题时，可以用其中一种类型的固定套路，也可以尝试创新，通过重新组合排列，把几个类型的主要构成元素糅合在一个标题中，说不定会产生意想不到的效果。

所谓的新媒体文案，我们可以理解为一切都是新的，一切都在创新中。没有绝对的固定套路，毕竟，在千变万化的创新中，路才能越走越宽！

第五节　取标题的小技巧

掌握了新媒体文案取标题的理论知识和套路，我们还可以利用一些小技巧，让标题更加吸引人。

1. 巧用错误信息

"5 个常见错误、3 件要规避的事"之类的词语，往往能引起人们的警惕。通过错误的案例获得启示，可以避免自己犯同样的错误。比如《6 个简历制作方法》改为《简历石沉大海，那是你不知道这 6 个方法》，《初入职场那些事儿》改为《刚入职就想辞职，你肯定犯了这 5 个错误》。

2. 添加修饰词

文案标题中的修饰词有两个作用：一是让定义更明确、独特；二是增加读者的情感强度。

文案标题要言简意赅，但是恰当地加入修饰词，就可以突出文案的独特性，吸引读者的注意。

比如，《自媒体文案的写作方法》，我们可以加入修饰词修改为《最靠谱的自媒体文案写作方法，都在这里了!》。

3. 制造急迫感

人们都有探索精神，也有反击验证的心理缺口。当看到"最新推出""你还没有听说过"之类的信息，会引发读者的急迫感，急切地想验证一下最新推出的东西我尝试过了没有，我到底没有听说过什么。

让标题充满急迫感，也是召唤行动的一种表示。我们可以用"动词＋所得利益"的结构，在标题中制造急迫感。比如《学会这些英文单词，你就可以在广告圈混了!》。

也可以在文案标题前面，放上"惊呆!""不可思议!""太high了!""好吃到哭!"之类的词语并加上感叹号，以吸引读者的注意，引导读者迫不及待地想看它后面的标题内容，如果后面的标题内容很精彩，那么读者就会打开标题阅读文案。

4. 制造稀缺感

比如读者获取"FaceBook内部员工工作指南""Google程序员薪资探秘"这样独有的信息后，更愿意作为传播源，向别人分享信息。

5. 嵌入专业性词语

专业词语能展现文章的专业价值，还能吸引到精准的受众。比如《HTML5工具篇：10个营销人也能轻松使用的在线编辑平台》这样的标题，有人担心专业性词语太冷太偏，或者过于晦涩难懂，会影响点击量。其实，我们的目标人群，也就是对"HTML5"感兴趣的读者，他们看得懂就行了，看不懂标题的，根本不是文案推广产品的目标用户。

6. 增加趣味性

"双关语＋网络热词"的搭配，可以增加标题的趣味性。比如《当〈权力的游戏〉遭遇"蠢蠢的死法"，连最悲催的"领便当"也变得萌萌哒》，这样的标题容易让读者产生轻松愉悦的感觉。

7. 标题具体化

如果我们需要表达的内容比较多，无法将所有概念都提取到标题里，这就要选取文中的亮点来制作标题了。

例如：

《除了 Toms 鞋，你知道还有哪些 One for One 的品牌？》

《会跳舞的红绿灯：让等待的时光也美丽的 6 个创意场景》

第一个标题的文案中，其实讲的是买一双鞋捐一双鞋的品牌，但若没看到 Toms 鞋，很多读者可能不会打开阅读。第二个标题的文案中，其实 6 个创意场景都很有亮点，但不能都塞进标题里去，所以选了"会跳舞的红绿灯"为代表，让标题具体化。

8. 使用阿拉伯数字

若使用大写数字，数字本身就长，读者需要先读下来在大脑里先形成一个数字概念，然后再转换成阿拉伯数字。这就相当于让读者动脑筋思考并进行二次转换，这是在浪费读者的时间，读者可能因此转身离开。比如《用了 CC 精油，北京 80％的白领集体"换脸"》这里的 80％，比"百分之八十"直观，读者一眼就明白了，不需要思考。

9. 多使用第二人称

使用第二人称"你"，很有代入感，就好像我们和读者在一对一沟通，显得很亲切，拉近了文案与读者的关系，建立起感情关系。比如《你的微信名字，暴露了你的人生》。

第四章

黄金结构布局，打造爆款文案的核心力量

第一节　好的开头，是文案成功的一半

文案大师约瑟夫·休格曼说："如果一则广告里的所有元素都是为了让读者开始阅读文案，那么我们真正要谈论的应该就是文案第一句话"（见图4-1）。广告中第一句话的唯一目的就是让读者读第二句话。

图 4-1　文案大师约瑟夫·休格曼

我们必须承认一个事实，那就是没有人喜欢读文案。作为普通消费者，没几个人会对广告产生兴趣，更不会把读文案当作消遣娱乐。文案创作者写文案，可以说是设法吸引读者继续读下去的过程。

一篇好的文案，应该没有一句废话，每一个句子的作用，都是为了吸引读者继续阅读下一句话。文案开头第一句话尤其重要，它往往直接决定了读者是关上页面离开，还是继续往下阅读。

一、写文案，如何写好开头

文案创作跟销售是一样的，如果文案开头第一句话不能吸引读者，就如顾客根本不进店门，接下来的销售活动根本没有机会进行。那么，我们如何才能写一个好的开头呢？

1. 开头要注意与标题的衔接

我们精心取了一个吸引读者打开阅读文案的标题，如果文案开头第一句离题万里，读者很可能会因为文不达意而不愿意继续阅读。所以，文案开头第一句要注意与标题的衔接。

比如，文案的标题是《我是如何一个月赚 20 万元的？》接下来的开头就可以这么写："我不是靠炒股，也不是靠炒房，也不是……，而是靠卖自己的产品月入 20 万元……"

文案标题提出了疑问，文案第一句就开始给出解答，这样的衔接就显得非常流畅。

2. 开头要像钉子一样尖锐有力

一篇文案要想深入人心，它的开头就应该像钉子尖一样尖锐，容易深入。我们试想一下，如果钉子尖是钝的，那钉子根本就失去了它存在的意义。

我们先学习两则经典案例，这是传奇的文案大师约瑟夫·休格曼在《文案训练手册》中的案例。

标题：《邮购豪宅》

我要做一笔大买卖。

我敢说，即使你不买这套房子，也会爱上这个故事的。

一切都源于一次邀请。

我受到国内最优秀的房产开发商之一的邀请，来他家参加一个聚会，他家位于加利福尼亚州的马里布。

我不知道自己为什么会被邀请，开发商只是说："来吧。"

……

标题：《视觉突破》

我要告诉你一个真实的故事。

如果你相信我，你会得到丰厚的回报。

如果你不相信，我会花点时间改变你的想法。

伦思是我的一位朋友，他知道一些好产品。一天，他很兴奋地打电话给我，说到他拥有的一副太阳镜。

"真是难以置信，"他说，"当你第一次用这副眼镜来看世界时，你简直没法相信。"

……

读者对文案没有兴趣，我们就必须把文案开头"削尖"，让它足够简单，以便更容易深入读者心里。所以，文案开头的第一句话，尽量使用简单句，字数越少越好，要杜绝长难句。

3. 观点要清晰

观点即态度，观点即爆点。一篇文案如果以观点开头，那么我们就要简单直接地把观点表达出来，让读者一眼就能明白。

《我害怕阅读的人》是台湾奥美广告公司为天下文化出版公司 25 周年庆活动创作的文案，该文案获得了业界著名的创意大奖。作者在文案开头，就先提出一个观点，表明自己的一个立场，然后充分用事实去阐述证明它。

我害怕阅读的人。

一跟他们谈话，我就像一个透明的人，

苍白的脑袋无法隐藏。

我所拥有的内涵是什么？

不就是人人能脱口而出，游荡在空气中最通俗的认知吗？

像心脏在身体的左边。

春天之后是夏天。

美国总统是世界上最有权力的人。

但阅读的人在知识里遨游，

能从食谱论及管理学，

八卦周刊讲到社会趋势，

甚至空中跃下的猫，

都能让他们对建筑防震理论侃侃而谈。

……

文案开头观点明确，这样才容易把读者带入进去。我们可以把文案开头的关键词都挑出来，看是否在描述一件事情，这样可以有效地检验我们是否明确了观点。

4. 打开认知缺口

制造读者不知道却又想要知道的东西，塑造它的重要性，这就是打开认知缺口。让读者产生好奇，想一探究竟，他们就会产生继续阅读的欲望。

文案第一句话的目的是什么？就是让读者阅读第二句话。第二句话的目的又是什么？是让读者阅读第三句话，依此类推。

写文案就是这样，我们的内容要持续吸引读者的注意力，让读者欲罢不能，接二连三地阅读每一句话，直到看完你的文章。

长城葡萄酒的经典文案《三毫米的旅程》，就是这样一句一句地吸引着读者，让读者忍不住想继续读下去。

三毫米，

瓶壁外面到里面的距离，

一颗葡萄到一瓶好酒之间的距离。

不是每颗葡萄，

都有资格踏上这三毫米的旅程。

它必是葡萄园中的贵族；

占据区区几平方公里的砂砾土地；

坡地的方位像为它精心计量过，

刚好能迎上远道而来的季风。

它小时候，没遇到一场霜冻和冷雨；

旺盛的青春期，碰上了十几年最好的太阳；

临近成熟，没有雨水冲淡它酝酿已久的糖分；

甚至山雀也从未打它的主意。

摘了三十五年葡萄的老工人，

耐心地等到糖分和酸度完全平衡的一刻才把它摘下；

酒庄里最德高望重的酿酒师，

每个环节都要亲手控制，小心翼翼。

而现在，一切光环都被隔绝在外。

黑暗、潮湿的地窖里，

葡萄要完成最后三毫米的推进。

天堂并非遥不可及，再走十年而已。

读者看到第一句话"三毫米"，好奇心可能就被勾起来了，看了接下来的一句会知道三毫米是酒瓶的厚度啊，再往下读三毫米也是一颗葡萄到一瓶好酒的距离，这就很自然地让读者产生了新的疑问——这是怎么回事儿呢？……读者就这样被吸引着，欲罢不能，从而读完整篇文案。

传统文案和新媒体文案的载体不同，但是，吸引读者阅读文案并且让读者与推广产品产生关联的目的却是相同的。

《邮购豪宅》《视觉突破》《我害怕阅读的人》《三毫米的旅程》，这些文案虽然不是新媒体文案，但是它们之所以被称为经典，而且源远流长，无论是结构、创意还是文笔方面，都值得我们学习和借鉴。

二、爆款文案开头的"3个1"

万事开头难，相信很多文案创作者都有对着空白文档无从下笔的时候。其实，如果我们找到了文案开头第一句话的写作套路，好的开始是成功的一半，接下来的创作可能就会顺畅多了。

我们分析那些爆款文案就会发现，文案开头往往是由"1句话""1段对话"或者"1个故事"，迅速抓住读者眼球，并且吸引读者继续往下阅读。

1. 开篇"1句话"

文案以"1句话"开篇的方式有很多，通常可以分为两类："1句话"经典提问式和"1句话"经典陈述式。

（1）"1句话"经典提问式。"一句话"经典提问式开头，可以制造悬念，勾起读者好奇心。"一句话"经典提问式开头有很多方式，比较常用的有下面三种。

① 用"你"提问式，制造出对话互动的场景。奥美前创意人关健明，曾经创下一篇文案卖货35.8万元的业绩。那是一篇卖啤酒的文案，文案开篇第一句就是："请问，你喝什么牌子的啤酒？"

文案创作者向"你"提出问题后，读者往往会下意识地去思考这个问题，然后在心里做出一个回答，因为男人对于"你喝什么牌子的啤酒"这个问题通常都比较感兴趣。开篇第一句话，就把读者和推广产品"啤酒"，紧紧地关联在一起了。

接下来，文案推广的啤酒虽然是个小众品牌，可是连奥巴马都喜欢喝，那这个品牌的啤酒到底有什么特别的地方呢？它跟我们大众品牌燕京、雪花到底有什么区别呢？读者会带着这种心理被文案吸引着，通过阅读文案了解这个品牌，感兴趣的读者就可能会下单。

"1句话"经典提问的核心，是把读者和产品紧密地关联起来。把读者和产品关联起来最有效的办法，就是用产品的卖点化解读者的痛点。

一款产品往往有很多卖点，在"1句话"经典提问中，我们需要在众多卖点里面提炼出能打动读者的"卖点集合"。比如，我们要为一款清洁产品写文案，这款产品的卖点有："可降解有机物，零化学残留，清洁率高达99.99％，洗完碗的水可以直接浇花"。那么，我们就可以提取这些卖点的交集就是"洗得干净且可降解"。接下来，我们就可以"1句话"提问了：

你以为，你每次都把碗洗干净了吗？

你家的碗到底有多脏，你知道吗？

把你的洗碗水拿来浇花，你敢吗？

……

"提问＋回答"的模型，会建立一个文案和读者进行对话的"互动场"。读者阅读文案，就好像和一个人在面对面交谈，这样读者就会被文案的内容牵着走，下意识地产生一系列心理活动，从而被文案深深吸引。

② 用"如何"提问，提出疑问造成悬念。有位文案高手，通过一篇推文，把一款"教创业者写商业报告书"的课程卖成了爆品。

这种课程文案，往往以含有"5 年商业报告培训经验、金牌讲师、告诉你商业报告 6 大要素、抓住投资人的心、快速打动投资人"之类的短语开头，这样写，读者不太容易产生信任感，会怀疑文案说的是真的吗？老师有那么强的实力吗？

文案高手是这样写开头的：如何靠一份商业报告拿下百万元融资？

读者看到这个开头，可能就会开始思考"靠着一份商业报告就能拿下百万融资？""他是怎么做到的？""这份商业报告都写了什么？"……"如何"这个词语，给读者带来的感觉是"某个人已经做到了某件难以完成的事情，他现在只是在介绍，他是怎样完成这件事情的！"这样的表达方式容易增强读者的信任感。

文案高手接下来写道：

××老师说，他曾经为 100 多家世界 500 强企业做过商业报告辅导。

他总结出一套非常有效的方法，

这套方法已经帮助 3 个创业者拿到了 100 万元的融资。

……

"为 100 多家世界 500 强企业做过商业报告辅导"直接表明了他的经验，读者很容易就产生了信任感。接下来"3 位创业者拿到 100 万元融资"印证了他的经验和方法的效果。

这个"如何……"的句式结构非常好用，每个人的生活都有各种各样的盲区、烦恼、焦虑，每个人都希望获得有价值的信息。"如何＋某件比较现实的事情"这样的句式结构，会帮助读者提出疑问，读者会感到惊讶，要看看接下来的内容是否包含自己想要的答案。

使用"1 句话"提问法的好处，就是可以从产品卖点角度提问，可以快速激发用户对产品的需求，引出产品，进一步阐述亮点、利益，为售卖产品埋下伏笔。

③ 用"那么多……为什么……"提问，吊足读者阅读的胃口。这个句式开头能激发读者听我们说下去的欲望，让读者忍不住想打破砂锅问到底。

我们先看一个生活场景，饭桌上，有个女孩八卦起来：我表妹长得像一个明星，追她的人有富二代，有世界 500 强企业的高管，还有连锁餐厅老板。后来，表妹嫁给了我朋友，一个其貌不扬也没有什么背景的家伙。那么多人追她，为什么她嫁给了我朋友？

如果聊八卦的女孩不揭晓答案，相信饭桌上的人，接下来都不能好好吃饭了。由此可见，"那么多……为什么……"这样的句式结构，会形成多么大的吸引力。

推广各种产品时，几乎都可以用到这个句式，例如：

网上有那么多卸妆水，

为什么××牌，

推出来就能卖脱销？

……

(2)"1 句话"经典陈述式。同样一个意思，用不同的方式陈述，就会产生不同的效果。文案高手通常都是高明的文字玩家，他们深谙使用哪种文字结构，能更加有效地打动读者。

① "如果说……那一定是……"陈述式。这个句式简直太神奇了，它可以把一篇生硬的广告，瞬间转变成一个有趣好玩的文案。一个在糕点店打工的男孩，用这个句式开头写了一篇文案，把一款榴莲千层打造成了爆品。这款榴莲千层除了果肉多，好像也没有特别抢眼的卖点。然而文案开头一句话，一下子就触动了读者的味蕾，让人忍不住满口生津。

如果说这个世界上有一种东西，能让人像着了魔一样爱吃，那一定是榴莲。

要说比榴莲还让人嘴馋的，那只能是榴莲千层了。

写推广文案，如果直接介绍产品，难免让读者觉得我们在"硬推"。用"如果说……那一定是……"这个句式巧妙地打个"掩护"，再把产品信息引出来。

第一步："如果说……那一定是……"引出一个大品类；

第二步："要说……那只能（一定）是……"再引出产品。

这个开篇经典句式结构，几乎可以适合推广任何产品。比如，我们要推广一个新媒体营销的课程，套用这个句式：

如果说"90后"也有逆袭的机会，那一定是新媒体；

要说新媒体里最赚钱的，那一定是抖音。

接下来，我们可以举一个例子，一个"90后"的姑娘，没有学历没有技术，后来靠着做抖音月入3万元……读者看到这样的信息，肯定会抑制不住地读下去。

我们可以试想一下，如果文案开头上来就说做自媒体赚钱很容易，做抖音赚钱更容易。这样的"硬推"，更容易招来读者的反感情绪，关掉网页走人的概率肯定会增大。

②"大多数人……却……"陈述式。美国人乔·卡伯，高中毕业，自学了直邮营销，在电视节目里卖东西，赚了不少钱，他把直邮营销的经验总结起来写成一本《懒人致富》的书，教人们怎样靠做直邮生意赚钱，乔·卡伯在报纸上买了广告位推销他的书。这本书的推广文案的开头如下。

我们过去常常拼命工作，一天工作12小时，一周工作6天。

但我并没有挣大钱，直到我减少工作时间——少了很多之后。

这个开头太吸引人了！读者阅读后会冒出很多疑问：为什么少工作还能挣钱？到底怎么挣钱的？我能不能也做到轻松挣钱呢？

乔·卡伯在广告里还展示了他的别墅、两艘船和一辆凯迪拉克，他还表示他拥有的最重要的东西是无价的——陪伴家人的时间。读者看到这里，很多人会感到羡慕，还有共鸣。接着，卡伯说出一个交易，请读者付10美元给自己，他会把自己赚钱的秘密写进《懒人致富》这本书里，寄给读者，读者读完如果不满意，可以全额退款，拿回自己的钱。卡伯仅靠刊登广告，一年之内竟售出十几万本，赚了一百万美元。

"大多数人……却……"句式结构中，使用"却"这个转折词语，有颠覆读者认知的作用。比如，我们给洗碗机写文案，就非常适合用这个句式开头：

大多数夫妻为了"谁洗碗"吵个不停，

却不知道，

人类已经不需要洗碗了。

……

相信很多为了"谁洗碗"而争吵的夫妻，看到这个文案开头，一定会迫不及待地往下读。这个文案开头给读者带来了双重吸引力：一是颠覆了"人人需要洗碗"这个认知；二是文案暗示接下来会讲不洗碗的方法，吸引读者想找到答案。

当这双重吸引力发生时，读者很难逃离，文案往往就能发挥比较好的效果。

2. 开篇"1段对话"

将日常生活片段用简洁的对话表现出来，再配合画面，会让读者产生较强的代入感。对话的最大作用是可以营造"互动场"，快速地把用户代入文案预设的说服路线中。

下面是公众号"洪胖胖"的一篇标题为《人手一件的格子长衬衫，这样搭配巨巨巨好看！》文案的开头：

李粒粒："哇，好好看！"

同事："哇，好丑。"

李粒粒："哇，好有高级感。"

同事："哇，好土。"

同事："你是什么眼光？"

李粒粒："不服来打一场。"

……

读者看了这段对话后，很容易把日常生活场景和文案中的格子长衬衫关联起来，从而产生代入感："哇，这个格子长衬衫，好像值得一试哦！"

文案用"1段对话"开头时，对话最好在两个或者两个以上的目标用户之间展开，不过进行对话的目标用户数量不能太多，否则就可能产生杂乱的感觉。对话信息中包含场景，而且要有冲突、悬念。我们看一段扫地机的文案的开头对话：

主妇：上一天班，回来还要做家务。

婆婆：看看你扫过的地，像猫尾巴扫过一样，一点儿也不干净。

老公：看你笨手笨脚的，连个地都扫不好……还累得慌，老婆，我们买个扫地机好不好？

……

这段对话是在 3 个目标用户之间展开，而且有婆媳冲突、夫妻冲突，丈夫的对话营造出他想维护母亲却担心老婆生气的画面，话锋一转留下了悬念。

我们可以把"1 段对话式"开头总结成公式：

目标用户＋和产品卖点相关的痛点场景＋人物关系冲突

对话的形式，可以通过漫画表现出来，增强对话的画面感；有些对话也可以通过微信对话框截图体现，以提高对话的真实感。

3. 开篇"1 个故事"

好文案讲故事，而不是单纯讲道理，因为道理只能赢得辩论，故事却可以收服人心。"1 个故事"开头的好处就是故事天然具有吸引力，故事在传播的过程中，能引起人们情感的共鸣，可以让沟通关系由"对抗"转化为"对话"。

文案大师威廉·伯恩巴克在"甲壳虫"汽车的一则文案中写道：

我，麦克斯韦尔·斯内弗尔，趁清醒时发布以下遗嘱：

给我那花钱如水的太太罗丝留下 100 美元和 1 本日历；

我的儿子罗德内和维克多把我的每一枚 5 美分硬币都花在时髦车和放荡女人身上，

我给他们留下 50 美元的 5 美分硬币；

我的生意合伙人朵尔斯的座右铭是"花钱、花钱、花钱"，

我什么也"不给、不给、不给"；

我其他的朋友和亲属从未理解 1 美元的价值，我留给他们 1 美元；

最后是我的侄子哈罗德，他常说"省 1 分钱等于挣一分钱"，

还说"哇，麦克斯韦尔叔叔，买一辆'甲壳虫'肯定很划算"。

我决定把我 1000 亿美元财产全部留给他！

文案大师通过一则幽默故事，描述了"甲壳虫"汽车物美价廉的卖点，也勾勒出一个节俭明智的车主形象。正是这种有深度的文案，可以深入目标群体心中，建立起"甲壳虫"汽车小巧可爱又实用靠谱的差异化形象。

不痛不痒的叫事实，有一定深度能吸引人的内容才叫故事。很多人对故事的理解就是人物、情节、环境，即便具备了这些要素，写出来的故事虽然完整，却也可能平淡无奇。

写文案以"1 个故事"开头时，我们可以从以下几个方面入手，让故事具

有一定的"深度"。

（1）情怀。什么样的故事最能引发用户共鸣呢？从营销的角度看，能够打动用户的故事不需要情节跌宕离奇，而需要充满情感的共鸣，真实就是最有效的。

新世相在《45个关于爱与钱的故事》一文中，分享了一系列粉丝故事：

四岁，我爹给我五块，

让我去商店买包四块五的阿诗玛。

剩五毛我买了包麻辣牛肉干。

回去被训了一顿，那包牛肉干放到漏气都没有让我吃。

五毛钱让我记住什么叫契约精神。

当年北漂在昌平租房，

退租时被二房东以各种各样的理由扣押金，

我和男朋友很需要那几百块钱。

我靠在门上，不退押金就不让房东离开，撒泼耍赖，

最后还是男朋友抱着我让房东走了。

出来后，我和他在马路上抱头痛哭。

他心疼我，我心疼钱。

……

这样的小故事可能毫无情节可言，但却贵在真实，充满情感的共鸣，能让读者从中看到自己的影子，从而产生情绪波动和认同感。

（2）镜头感。衡量故事质量的优劣，细节是一个重要指标，充满细节的故事文案自带"镜头感"，更容易被用户的大脑接收，感染力也会更强。如何才能写出有"镜头感"的文案？一个技巧是，描绘那些容易激起用户感官反馈的细节，能让故事更鲜活。

比如，《舌尖上的中国》中的一个文案：

稻花鱼去内脏，

在灶上摆放整齐，

用微弱的炭火熏烤一夜，

现在需要借助空气和风的力量，

风干与发酵，

将共同制造出特殊的风味，

糯米布满菌丝，

霉菌产生的各种酶，

使淀粉水解成糖，最终得到爽口的酸甜。

甜米混合盐和辣椒，一同塞进鱼腹中，

稻花鱼可以直接吃，也适合蒸或油炸，

不管用哪种做法，

都盖不住腌鱼和糯米造就的迷人酸甜。

……

本来只是一道常见的稻花鱼，文案的每一个细节都在挑动人们的味蕾，让人垂涎欲滴。所谓的"镜头感"就是这样，描述一道菜，不要笼统地说好吃，而是把自己当作正在做菜或者品菜的人，让眼睛、舌尖、耳朵、鼻子感受到的细节放大，调动消费者的味蕾。

另外，在文案故事中描述细节，还可以增加用户信任度。因为细节描述往往让事件显得很逼真，可信度就高。同一个事实，不同的文案描述，会让结果大不一样。

宾夕法尼亚大学和俄勒冈大学曾联合做过一组对比研究。把实验参与者分为两组，给每个参与者 5 美元，然后向他们描述食品短缺的问题。参与者可以根据自己的意愿，决定自己捐多少钱。

向第一组参与者这样描述食品短缺问题：马拉维的食品短缺影响到了 300 多万儿童。在津巴布韦，降雨严重不足导致玉米产量下降 42％，大约 300 万津巴布韦人面临饥荒。400 万安哥拉人已经被迫逃离家园。在埃塞俄比亚，1100 多万人急需食品援助。

向第二组是这样描述的：整个内容首先是小姑娘的照片，一个面临饥饿的 7 岁马里小姑娘，名字叫洛基亚，然后描述的是——你的捐款会改变她的一生。因为有你和其他捐款人的帮助，拯救儿童基金会将会与洛基亚的家人和社区的人们一起，让她有饭吃，让她读书，给她提供基本医疗保障和教育。

最终的结果是：第一组平均捐款大概是 1 美元，而第二组平均捐款高达2.4 美元。

更多的受害者和更大的灾难情况描述，反倒没有一个具体的人更能促进参与者提供帮助。所以，有具体细节的描述，比那些抽象、概括的描述，更能打动人。

写文案也是如此，细节描述才能让我们的文案脱颖而出。

（3）痛点。从痛点出发的故事，不仅能提高品牌的美誉度，也能凸显产品和功能本身的核心竞争力。写痛点文案故事，我们首先要找准用户的心理痛点。只有抓住了痛点，才能继续用语言放大情绪，让用户产生认同感，感受自己的不合理之处，从而促使下一步改变。

挖掘用户的痛点心理是有迹可循的，比如我们可以从补偿自己、补偿他人、优越心理等方面着手。京东小金库的文案，利用的就是补偿自己的心理，如图 4-2 所示。

图 4-2　京东小金库文案

你不必在本子上记录，

大部分会议是在浪费时间，你不必假装殷勤一直记录。

你不必总是笑，

不必每一条微信都回复，不必处处点赞。

……

你不必让所有人都开心。

不必每次旅游都要带礼物，

不必一次不落的随份子，不必在饭桌上辛苦地计算座次。

你不必在过年的时候衣锦还乡。

不必发那么大的红包，不必开车送每一个人回家。

……

你不必背负那么多，

你不必成功。

别用所谓的成功，定义你的人生。

京东小金库，你的坚持，我的支持！

"开会时假装认真做记录""言不由衷地回微信""点赞""随份子"……这些生活小场景，我们每个人在生活中都可能遇到过。"别人都关心你飞得高不高，而我却只关心你飞得累不累"，京东小金库成功地用逆向思维，瞬间找到了用户心灵上的突破口。当我们在房价高涨、复杂的人情往来等压力下无处遁形时，有人抱了抱我们说"你不必成功"，我们自然就会被触动。也许我们拼尽全力，也无法达到世俗意义上的成功，但我们就真的如文案所说的要放弃吗？当然不会！真正成功的人生不在于获得多少财富，而在于坚持奋斗的过程。于是，文案最后一句，"你的坚持，我的支持"，把读者和产品成功地连接在一起。

滴滴出行的《U know or not》，用的则是"补偿他人"的痛点心理。通过描述别人为自己的付出，激发用户的补偿心理。

你知道她一直想去草原

但你不知道

有你的地方她都想去；

你知道他老了

但你不知道

他一年会去几次医院；

你知道她善解人意

但你不知道

她有时也故作坚强；

你知道今天老同学聚会他们会玩得很开心

但你不知道

没有你这个聚会并不完整；

你知道她做菜很香

但你不知道

最便宜的超市距你家有九站地；

你知道他在公司奖金拿得最多

但你不知道

他一个月会跑烂三双皮鞋；

你知道她们依然年轻

但你不知道

她们终将跟不上时代；

你知道他

但你不知道他

就像你知道滴滴无处不在

但你不知道滴滴车票。

文案这讲述了情侣之间、夫妻之间、同窗之间，以及父母与子女之间的 6 段朴实的小故事。用"你知道……但你不知道……"的排比，呈现了"你"所不知道的身边人的坚强，以及他们的无奈和辛酸。当读者的情绪被触动，想要为身边人做点什么时，文案非常自然地引导读者送对方一张滴滴车票。

文案除了"3 个 1"的开头方式，还有很多种开头方式，比如以热点新闻截图开头，以图片开头等，无论用哪种方式开头，目的只有一个——吸引读者，让读者产生继续阅读的欲望！

文案创作者要根据目标用户的阅读习惯、推广产品的特性以及文案所在平台的调性等因素，选择合适的开头方式。毕竟，很多时候，合适的才是最好的！

第二节　优秀文案必备的 3 种结构

文案的结构，就如一所房子的框架。一篇文案，标题和开头即使非常吸引人，整体构架如果没有搭建好，就可能面临坍塌的危险。

盖房子要先搭建框架，在写文案之前，我们要先构思行文脉络，也就是要考虑文案的结构问题。那些优秀的新媒体文案看起来好像令人眼花缭乱，其实透过内容分析其结构，也是有规律可循的。

一、经典的三段式结构

　　我们写文案时，可以借鉴议论文的结构方式。议论文写作一般包括提出问题、分析问题、解决问题三大部分，常见的结构模式为"总分总"结构，其中首尾部分为"总"，分析问题为"分"。开头的"总"要么提出话题，要么提出论点，结尾的"总"往往是重申观点或深化论点。较为复杂的是中间部分，可以是分论点并列，可以是不同角度的论据并列，可以是对照式的并列，可以是递进式的延伸等。需要注意的是，不管是怎样的"分"，都应该在"总"的统摄之下，并为"总"服务。

　　新媒体文案往往也是在阐述一个观点，获取用户认可。不过，优秀文案的说服力在于唤醒用户的认同，而不是用逻辑和论据强行支撑某个观点。

　　下面，我们看一篇公众号上的文案《晚晴的休闲时光》，分析一下创作者是如何用"总分总"的结构方式，把需要推销的产品呈现给受众的。

　　中国人的早餐，少不了一杯暖乎乎的豆浆。一杯下肚，营养又美味，暖胃又暖心！

　　自己打豆浆，用料放心，浓度自己掌控，卫生又省钱，所以家中有一台豆浆机很有必要。

　　不过，普通的豆浆机通常体积太大，使用、收纳都特别麻烦……

　　今天推荐的这款迷你破壁豆浆机，帮你轻松解决这些麻烦。

　　豆浆机小如水壶。免开盖、不泡豆、免滤渣，一次最多可以做出 300 毫升的饮品。

　　不多不少，刚好可以满足一个人的分量，做多少，喝多少，不浪费。

　　跟矿泉水瓶一般高的豆浆机，小巧不占地方，小型出租屋也能用。

　　操作简单。制作豆浆时，准备好黄豆、水就可以。仅需 25 分钟，也就是段换衣洗漱的时间，一杯香浓、温暖的豆浆就做好了。

　　重点是，它没有渣！因为它用的是 4 叶立体刀片，壶内还有 3 条绕流筋。

普通豆浆机只有 13500 转/分，而它却是 27200 转/分，比千元破壁机的还高！

一搅动，里面便会掀起狂暴漩涡，使豆豆全往刀口上撞，瞬间就被搅得比粉还碎。

食材的细胞壁被打破后，能将细胞内的维生素、矿物质、蛋白质等营养物质充分释放。

无噪声。相比运行起来如"轰炸机"似的大型豆浆机，它就比较安静了，只有 69 分贝。

只要关上门，基本就听不见声了，不会吵到家人睡觉，在公共场合使用也不会惊扰他人。

只要加入水，按下"果蔬/清洗"键它就会自动无死角清洗，大冬天的再也不用湿手。

安全方面更是做得"滴水不漏"。采用 304 不锈钢内胆，符合食品级安全要求，耐用抗腐不生锈。

锋利的转刀直接安装在底部，开盖时转刀不外露，好放置还不会割伤双手。

若使用时没关盖、没对准，它都不会启动，途中打开盖子时它也会进行自动断电保护。

最难得的是，现在只要 299 元！你就能拥有这台好看又实用的多功能豆浆机，性价比之高前所未有！

快给自己和家人买一台吧！

这篇文案开头第一部分的"总"，提出的论点是喜欢喝豆浆的人，需要一款迷你豆浆机，也就是简单地介绍推荐的产品。

文案创作者要首先让读者明白为什么要推荐这款产品。也就是说，我们推荐的这款产品，能解决什么需求和痛点。读者如果恰好对这款产品感兴趣，就会认真读下去。

接下来第二部分，就要分条列出自己的观点，以及佐证自己观点的证据或者案例，并加以说明。也就是从不同的角度，向读者阐述推荐这款产品的理由。

第三部分的"总"，就是亮出自己最终的观点，可以是重新提炼总结新的观点，也可以将前面说的分观点做汇总，让读者加深一下印象。当然，这部分可以采取一些表达技巧，比如提炼金句，促使读者转发传播。

"总分总"这种经典的文案结构，浅显易懂，方便读者理解和接受。这种结构简单，而且多次强调核心观点，比较容易吸引读者的注意，容易让读者接受我们表达的观点并且产生记忆。同时，也非常有利于创作者在规划选题时列出核心观点，再逐步展开。

需要注意的是，"总分总"结构在表达上要适当设计某种标志，尤其是在"分"的部分，要有相对一致的句式或者相互照应的词语来表现"分"的关系，让文章显得思路清晰，也让读者一目了然。比如上面"迷你破壁豆浆机"文案中"分"的部分，每一小段开头部分的字体可以加黑，从而有效地突出文案的条理性。

二、清单式结构

清单式的文案结构，简单地说就是创作者列出自己需要呈现给读者的内容，或者用户所要的信息，这些内容往往是平行结构，并没有非常强的关联。

最常见的清单式文案结构，比较适合呈现以下几方面的内容。

1. 推荐某一类事物

比如，公众号"雾满拦江"上的一篇推广文案：

在这个知识千变万化的时代，

只有不断学习、充实自我，才能跟上时代。

以下几个优质公众号，能让你在闲暇的时候，扩宽视野。

关注以下微信号，提高自身价值，从现在开始。

博学文摘（ID：boxuewenzhai）

推荐理由："博学文摘"专门为你传递知识信息，上到天文，下到地理。如果你想在知识的海洋里遨游，一定要看"博学文摘"，看"博学文摘"，让你更博学。

十点读书会（ID：sdclass）

推荐理由：你有多久没有好好读书了？来这里，和300万小伙伴免费共读400本好书。每天收获一个方法论，每周进步一点点，更有孙俪、赵又廷等明星陪你读书。长按识别二维码，送你一个免费图书馆。每天挑选新关注的用户送新书哦！

整点电影（ID：hizddy）

推荐理由：全微信最快速、最好看的娱乐爆料，电影资源，综艺内幕揭秘，一切与娱乐圈有关的消息它都第一个知道。现在关注，你就是朋友圈知道最多秘密的人！

……

另外，比如推荐春节期间适合旅游的 10 个景点，苹果手机上最合适打发时间的 8 个游戏，刚做新媒体的职场新人适合阅读的 10 本书等。

2. 解决方案类

解决方案类文案是读者遇到一个什么问题，可提供几种不同的解决方案，比如分享写作经验的公众号，可以提出一个写作问题，有三种解决方案；心理辅导类的公众号，可以说如果你心情不好请从这几个方面进行调整等。

清单式结构的优势在于不需要很强的逻辑能力，只需要介绍清楚自己的目的，以及列出相关的分支即可，操作非常简单。而且选题来源丰富，只要是信息量大的内容都可以这样进行提炼，通过简化思维，给用户一种"文案帮我精选信息节省时间"的感觉。

在用清单式结构写文案时，小标题往往起到很重要的作用，在主标题上明确列出文案具体包括哪几方面的内容，也容易让读者产生期待。

三、讲故事结构

文案的本质是沟通，而故事就是一种好用又有效的沟通方式。擅长讲故事是一种高级营销本领。大家都知道，用讲故事的方法写文案，是通过故事情节吸引读者的注意，最终的目的，是把需要推荐的产品推销给读者。

用讲故事结构写文案，时间、地点、人物、经过和结果，是不可缺少的五个因素。故事是通过叙述的方式讲一个事件，或是陈述一件往事，是以人物为中心的事件演变过程。通常情况下，故事一般包括开端、发展、高潮、结局等部分，有的还有序幕和尾声。

用讲故事的方法写文案，最需要注意的是要把故事内容和推荐产品紧密地连接起来。

下面我们看一下某个公号上的"咸鱼卖货课程"文案：

前段时间，几个月没见面的同学张淼半夜打电话给我。

说自己代理的产品出问题被举报，一下子赔了好几万元，老公气得要和她离婚。

还没说两句，一向坚强的张淼"哇"的一声哭出来。

听着电话那头她绝望的哭声，想着毕业以后大家各奔东西，被现实磨砺，却没几个人能够过上想要的生活，不禁悲从中来。

像很多女生一样，张淼大学毕业没两年，就结婚生子。

刚怀孕时，老公对她说：别工作了，我养你。

承诺固然让人心动，但在琐碎的日子里，它渐渐变成埋怨和冷眼。

婆婆觉得她不体贴，老公觉得压力大，孩子不论吃穿都比同龄人差，每次一说到钱，张淼都感觉需要工作了。这种生活，张淼坚持了3年。

后来，在亲戚鼓励下，张淼借钱加入微商大军，一边照顾孩子一边做微商代理。在尝到了初始的甜头后，她的屯货越来越多，又由于经营不善，后期赔了好几万元，又加之生活琐事，因此夫妻间产生了些矛盾。张淼与老公冷战期间，在逛闲鱼时，无意看到一家闲鱼店，新品一天竟然出货过万件，她感觉到这可能是个赚钱的机会。

她吸取了以前失败的教训，别人不会是随随便便赚钱的，要先研究通过闲鱼赚钱的方法。张淼觉得，在学习上的投入是必要的，获得闲鱼经营之道，还需要老老实实学习。

她参加了一个闲鱼训练营，在老师的指导下，从前期开店、找货源，中期定位、引流和运营，后期的熟悉规则、增加曝光量到变现，她迅速掌握玩法。这是一个前所未有的体验，除了学费，她几乎没有花钱。

一部手机加上业余时间，产品是老师提供的货源，张淼的闲鱼店每天营业额不错，实现了财务自由。

她帮老公撑起了家庭的半边天，现在夫妻感情非常好。

……

这条文案的女主人公因为经营不善赔了钱，引发了生活危机。就在女主人公迷茫困顿的时候，她看到一家闲鱼店，抱着试试看的态度购买课程后，经过认真学习，实现了财务自由，从而解决了生活危机。通过故事一步一步把读者引入情景，然后再植入广告，显得顺畅而自然，而且容易引发读者下单的愿望。

第三节　好结尾是提高转化率的关键

诺贝尔奖得主丹尼尔·卡尼曼发现了峰终定律，这条定律的意思是，顾客在购物的过程中，往往只能记住在"峰"和"终"的体验，它很大程度上决定了顾客对购物体验的回忆，以及下一次是否会继续光顾。如果"峰"和"终"的体验好，顾客更能记住，回购概率更大。

对于一篇文案来说，结尾部分就是"终"，直接决定着用户的阅读体验，以及接下来会采取什么行动。

阅读完一篇文案后，有的读者感觉文案很有意思，会点赞并且转发到朋友圈，有的读者干脆长按末尾的二维码并下单购买。当然，还有的读者会抱怨"看了半天原来是个广告啊"，从而生气地关掉了页面。

读者之所以会出现以上的行为，主要原因是文案结尾设置了引导。可以说，新媒体文案的终极目的就是营销，要么需要为品牌服务，提升企业的知名度与美誉度，要么需要为销售服务，推广产品、提升销量。因此，需要对文案结尾进行优化，鼓励读者做出相应的动作。

我们写文案，通常有以下几种结尾方式，如图 4-3 所示。

一、首尾呼应式

首尾呼应这种写作手法，又称为对照式，通常用在文章的开头与结尾。也就是说，在文章开头提到一次相应内容，结尾时再呼应一次，可以使文章结构更加严谨，内容更加完整，以强调主题，加深读者的印象。

在新媒体文案中，使用首尾呼应的写作方法能够让文案更显完整，容易让读者产生共鸣。下面是一款保暖打底衣的文案：

图 4-3　5 种提高转化率的结尾方式

每逢换季时节，小仙女们都会因为穿搭而发愁，翻开衣橱却发现：一件满意的衣服都没有……

还有一批爱美的妹子，顶着强大的低温压力，依然穿着精致、单薄的打底衫，完美衬托玲珑曲线，小风一吹冻得浑身发抖、鼻涕横流……时间久了还会引发胃寒和痛经！

对女生而言"秋冬天该如何穿搭"一直是个史诗级难题。保暖内衣不修身，套上再美的打底衫都拯救不了，只穿一层打底衫又太冷，寒风一吹瞬间凉凉……

如果能找到一件保暖修身、时尚百搭的打底衣就好了，能兼顾温度和风度，简单套个外套或大衣就能出门！

小仙女们梦想中的打底衣，小编已经帮大家提前备好了，面料轻盈自发热，温度、风度全都有，版型时尚百搭，拯救你的秋冬穿搭！

这件打底衣采用德国自发热面料，接触皮肤能迅速升温至 36.8℃，就算零下 15℃ 的低温，也能保持恒温发热，穿在身上轻盈又温暖！

……

天越来越冷了，爱美的小姐姐早就下单了哦！深秋单穿刚刚好，冬天加个外套，显瘦又温暖。趁着活动多囤几件，一年不用买打底衣！

这篇文案的开头，描述了一个用户痛点场景，换季时，小仙女为穿搭发愁。文案结尾的场景描述与开头相呼应，为穿搭发愁的那些小仙女都下单了，推荐产品解决了文案开头提出的痛点问题，文案首尾呼应，形成了一个闭环。

二、反转结局式

反转结局式，是很多推理小说的经典写法，但也同样适合文案的结尾，直截了当让读者明白创作者的意图。很多时候，一波三折的文案才更有趣。

文案运用反转结局式结尾，需要创作者具有一定的文字驾驭能力，要对文案内容有深刻的理解，否则容易被反结局带偏，这样就完全违背了写作意图。要想熟练运用这种写法，首先要清楚地知道文案的主题和表达重点，在写作的过程中，无论文案结构还是内容的设置，都要始终为主题服务，最后结尾出其不意地点题，给读者一种强有力的冲击和震撼。

巧妙的转折结尾，就是用无厘头的逻辑思维，把两个无关联的事联系起来，结尾的三言两语将前文中营造的氛围破坏得一干二净。这种转折有一种强烈的反差感，读者读起来有趣，自然也会传播。我们看下面的这篇文案：

帮杀人犯辩护的律师

她握着法律的武器

却为了魔鬼在辩护

当众骂差生的老师

她被誉为蜡烛

却只有少数人被温暖

颐指气使的领导

当高一级成为一种权力

就可以处处把你踩在脚下

得寸进尺的乞丐

当怜悯成为一种正确

就可以让施舍不再被感恩

掌握生命权杖的医生

而当生命的权杖握在别人手中

又怎知是命运如此

还是已被利益左右

在你看来，谩骂不过是为内心讨一个公道

在你心中，呐喊不过是安慰不被善待的成长

在你眼里，冲撞也许是挽回尊严的唯一选择

你认为，善良，也要带一些锋芒才有价值

你觉得，愤怒才能填补太多太多的遗憾

然而，事情的真相，你了解吗？

辩护是律师的职责

每个人都有为自己请律师辩护的权利

但是正义只是不曾声张

却永不会缺席

其实，你只看到偏心

却没有看到用心

老师在背后的默默付出与关怀

不比别人少

其实你只看到苛责

没有看到机会

上级的苛责是成长

在领导前尽心维护你

看似贪得无厌的乞丐
只是为了照顾一群流浪的猫狗
其实，被照顾不总是贪得无厌
他也想尽力施以援手

其实你未曾了解
眼泪不是为了洗清误解
只是为了担起生命的分量

总有一些温暖包裹着冷若冰霜的外表
总有一些误解，不去了解，是不会解开的
所以，螺蛳粉的美味，了解过才知道

读者看完这个文案后，最直接的反应都是纸巾都准备好了，竟然告诉我这是螺蛳粉的广告！这就是典型的反转型文案结尾方法。

文案中描述的几个生活场景，用一句话可以表达，也就是引入螺蛳粉前的那句核心，"有些误会，不去了解，是不会解开的"，这也是螺蛳粉带给人的感觉："闻起来很臭，但当你深入尝试后，其实味道非常好。"味道难闻，这是大多数人对螺蛳粉的认知，也是大多数人所认为的事实，广告并没有否认或扭曲螺蛳粉的难闻，而是劝读者去尝试一下，或许就会发现不一样的美好。

这篇文案的创作者，把"被人误解"与"螺蛳粉很臭"这两个看似毫无关联的是事物巧妙地联结在一起，通过几个场景把读者的情绪调动起来后，猝不及防地推出产品，巧妙转折的结尾加深了读者对产品的印象，从而达到了良好的广告效果。

三、行动号召式

行动号召式结尾，就是动之以情，用感情去打动读者受众，让他们觉得，文案推荐的产品有温度、有情感，我们推荐产品的目的不是为了赚钱，而是我们认为应该把好的东西分享出来，让大家一起使用，大家的生活都变得更好，我们就非常开心了。简单地说，就是打感情牌，打动还在犹豫的读者，让他们产生下单购买的行动。

比如，我们看下面这篇文案，这是公众号"物道"上一篇推荐点心礼盒的文案：

马上过年了，少不了走亲访友，拜访长辈、上司，年货得准备好才够体面。

其实现代人啥都不缺，与其买不知道对方是否喜欢的东西，不如干脆买吃的。

送吃的最能令人欢喜了。

今天给大家推荐百年糕点名店——郭元益出品的 5 款糕点大礼包，无论是送礼还是自享，都能找到满意的选择。他家一直都是明星名人们结婚、过节送礼的首选。

糕点精致小巧，色、香、味俱全。或软糯香甜或酥脆咸鲜，吃一口就永远忘不了，幸福感和满足感噌噌往上升！

……

今年过年早，快递从 1 月 10 日就陆续停运了，买年货就要趁现在了。不管是你买来孝敬父母，还是讨家里小孩的喜欢，美食永远都是最有效的法子。

当然还要慰劳一下辛苦一整年的自己！

文案也可以直接给出利益和好处，对消费者进行诱导，让对方感觉，如果不立即下单购买的话，可能就会遭受到一定的损失。

我们看下面这篇文案，这是公众号"物道生活"上一款洗衣液的文案：

大部分人在狂欢节打折中绝对会囤的，是洗衣液！

这也正常，洗衣液是我们生活的刚需。一个人不需满身名牌，但一定要穿衣干净，干净的外在，才是与人交往的首张名片。

但挑洗衣液，是门学问。我平时爱穿浅色衣服，沾了一点污渍就必须洗掉，洗着洗着，衣服就变得又黄又旧。

所以随着近两年酵素洗衣液火起来，我也就跟着换了。不同于普通洗衣液，它在"去污不伤衣"上确实做得更好。

可市面口碑不错的酵素洗衣液，一瓶 2kg 的都得 200 元，太贵了！（不少

同事表示对洗衣液价位的心理预期是绝不过百）

所以当时我想，为何不定制一款好用不贵的酵素洗衣液？

……

至于大家同样关心的容量，满满当当 2kg 一大瓶，像我这样洗衣服比较勤的人，一瓶用上 2 个月都不成问题。

我公司不少同事都是一次囤 4 瓶，100 多块钱，管够全家人 1 年的洗衣用量。

最后还有价格，上新期间，特别优惠也给大家准备好啦，1 瓶只要 49.8 元，2 瓶 79 元，4 瓶更优惠，只要 138 元！超市平时买 1 瓶 4kg 的普通洗衣液也要 40 多元，这笔账，太划得来了。

限时特惠，2 瓶减 20 元，4 瓶减 60 元！

四、点题式

点题式结尾就是在文末总结全文，点明中心。有的文案在开头和中间只对有关问题进行阐述和分析，叙述过程，到结尾时，才将意图摆到明面上来。

比如，红遍网络的百度语音搜索文案《姑娘你需要的不是男朋友》：

他在微信上说，"我们分手吧"。

我回"好"。

然后无话。

放下手机后，我又埋头做事，心里有些空荡荡，却也如释重负。"并没有特别难受啊，外面天气真好，出去玩吧。"

失恋的痛苦并非排山倒海一样猛烈袭击，更像南方冬天的雨，一滴一滴，慢慢寒到彻骨。

第二天，我开始感觉到不同。

没人再提醒我带伞，走在街上突如其来的暴雨把我全身淋得湿透，那一刻很想他。

没人再牵着我的手走过大街小巷，路痴的我在一天内迷路了 5 次，那一刻很想他。

我读书少，阅读的时候常常遇到不认识的词语，只好慢慢查词典。突然就想起中文系毕业的他总是能为我解释那些复杂的词语。

……

第七天，第七天是一个转折点。

作为一个路痴，我"不辱使命"，又一次迷失在了西二旗回王府井的路上，反反复复折腾都找不到路。

没办法，我只好给他打电话。

电话那边是熟悉的声音，他说，你在干嘛？

我迷路了。我在西二旗。

他说，你在原地等，别走。我过来接你，送你回家。

不好意思，以上只是我瞎想的。事实是，接通电话之后，我只说了一句我迷路了，电话就被挂断了。

来了一条短信：自己用百度语音搜索。

我愣住了，呆呆地站了一会儿，真不该给他打电话。

……

和我一样，姑娘啊，很多时候你缺的并不是一个男朋友，而仅仅是一个百度语音搜索。

男朋友会惹你生气，它只会为你疗伤。

男朋友会制造麻烦，它只会解决问题。

男朋友会因为一言不合把你丢在陌生的街头，它只会耐心地陪你找到回家的路。

百度语音搜索这么好，那为什么不马上拥有它，就现在！

通篇内容好像在讲述一个失恋的故事，失去男朋友的姑娘，遇到了一系列的麻烦，而这些麻烦最终都通过百度语音搜索解决掉了，文案结尾点名了主题：姑娘，你需要的是百度语音搜索。

五、金句式

所谓的金句，就是富有哲理并对人有所裨益的句子。用金句结尾的文案，可以帮助受众更深地领悟文案思想，引起受众共鸣，提升他们对文案的认同感。而且会对受众有警示和启发的作用，提高文案的转发率。

通常情况下，一些网络课程、线上读书等内容付费文案，更适合用金句结尾。比如，PPT网课推广文案的结尾，为鼓励受众购买课程，这里用了巴菲特的名言显得非常贴切：

每一个让你感到舒服的选择，都不会让你的人生获得太大的成长，而每一个让你感觉不舒服的选择，也并不一定让你获得大家所谓的祝福。

但却会让你有机会开启与众不同的体验，寻觅到更多的可行性。

但正在学习阶段的你，连个PPT都征服不了，谈什么征服世界？

做你没做过的事情叫成长，

做你不愿意做的事情叫改变，

做你不敢做的事情叫突破。

金句在文案中的重要作用不言而喻，我们如何才能做到在写文案时信手拈来呢？这就需要我们有意识地去搜集金句。比如，我们阅读时、听一首歌时、看一场电影时，遇到喜欢的金句就记录下来，日积月累，就会形成自己的素材库。

另外，我们还要想办法激活自己的金句素材库。比如，我们可以尝试理解金句背后的深刻含义，从而加深对金句的印象。并且在此基础上，创作出属于自己的金句。

第五章

3个步骤，让文案轻松变现

第一节　激发购买欲望，让读者心痒

一、调动消费者的感官

尤金·舒瓦兹在《创新广告》中说："文案无法创造购买商品的欲望，只能唤起原本就存在于人心中的希望、梦想、恐惧或者渴望，然后将这些'原本就存在的渴望'导向特定商品。"也就是说，文案不能创造购买欲，但能激发购买欲。

对于消费者来说，他们只会对自己感兴趣的产品产生购买意向。比如消费者需要购买一套床上用品，文案推荐的产品正好是床上用品，消费者打开阅读文案，只代表他对这款床上用品感兴趣，但是他不一定会对其产生购买欲望，为什么呢？同类产品那么多，简单搜索一下，海量的同类产品就会扑面而来，消费者可以精挑细选，从而与文案推荐的产品擦肩而过。

所以，当我们通过文案的标题、开头的内容吸引读者打开文案开始阅读后，就要想方设法把消费者的购买欲望激发出来。

人类所有直观的体验和感受，都是先由我们的感官去感知的。感官是感受外界事物刺激的器官，包括眼、耳、鼻、舌、身等。大脑是一切感官的中枢，眼睛有视觉，耳朵有听觉，鼻子有嗅觉，舌头有味觉，身体各个部位有触觉。

消费者对产品最直观的体验和感受，也是用感官去感知的，他们用眼睛去看，用耳朵去听，用鼻子去闻，用嘴巴去尝，用身体去触碰。所以，我们要想通过文案激发消费者的购买欲望，就先要用文字去调动他们的感官。

如何用文字调动消费者的感官呢？最直接的方法，就是具体地告诉消费者，使用文案推荐的产品时他的感官都会有什么体验。

我们看下面的两篇文案。第一篇如下。

前奥美金牌广告人关健明在他的《爆款文案》中的案例。关健明在书中提到，他的朋友卖一款蒸鸡，在团购平台一上线销量就非常不错。蒸鸡官网推荐文案是这样写的：

滋补蒸鸡，选用生态活鸡，奉献出最纯正、最鲜嫩的鸡肉，呈现出食材的健康、新鲜与品质。以原味干蒸的方式加入滋补药膳烹制，肉嫩汁肥、甘美醇厚，口感溜滑，具有温中益气、补精填髓的功效，为滋补养生、提气醒神的佳品。

关健明吃了朋友的蒸鸡后，把自己真实的体验用文字表达出来，形成第二篇文案：

那是我尝过最美味的食物之一，如果你有幸买到它，你会发现——整个蒸鸡有一个小西瓜那么大，用精致光亮的锡纸包裹着。打开锡纸，一只完整的金灿灿的蒸鸡映入眼帘，一股烟向上飘起，你会闻到热鸡肉鲜香的味道，没有防备，你的口水已经悄悄流下。

你戴上两只手套掰下鸡腿，刚出炉的鸡腿有点烫手，你下意识地对它吹了口气。鸡皮渗着汁水晶莹发亮，咬了一口，鲜嫩的鸡肉终于进入你的口腔，你尝到鸡肉和盐混合的鲜美，还尝到枸杞的酸甜和一点当归的药香味。你以前可能吃过干涩难嚼的鸡肉，这次不同，你发现这整只鸡都充满了汁水，每一口都滑溜顺口，毫无阻力，大口咀嚼的时候，耳朵里好像能听到鸡汁四射的声音。

随鸡附赠了一包辣椒面——那是绝对的人间美味！倒在小碟里，变成一座红色碎末小山丘，拿一块鸡肉沾一下，再放进你的嘴里，那一秒，咸辣味、茴香味、孜然味和鸡肉味在口腔里一齐"炸开"，惊艳到你身体为之一颤，你发现自己莫名其妙地嘴角上扬，忍不住微笑起来！

不到15分钟，整只鸡已经被你消灭干净，你会感觉有点撑，却意犹未尽。

看到锡纸上残留着鸡汤汁，你毫不犹豫地往嘴里倒，温热的汤汁从喉咙流到胃里，全身一阵暖。

把两篇文案进行对比，是不是第二篇文案更能激发我们购买蒸鸡的欲望呢？关健明首先写了他看到蒸鸡的样子，这是视觉描述。接下来他开始吃鸡，鸡肉入嘴以后是各种关于味觉的描述，甚至听到"鸡汁四射"的声音，这当然是听觉的描述。文案最后，作者关于喝汤汁的描述，属于形象的触觉描述。

当我们在文案中，直接用"美味可口"之类的形容词时，可能根本无法把消费者代入某个场景中，消费者也很难体会到产品的美妙之处。可以假设消费者正在使用我们的产品，把消费者感官系统所体会到的直接感受写出来。比如，眼睛看到了什么，耳朵听到了什么，鼻子闻到了什么，舌头尝到了什么，身体感受到了什么。

这样写出来的文案，就很容易引起读者的共鸣，激发读者的购买欲望。这样的文案写起来并不难，为什么很多创作者写不出来呢？那可能是缺少换位思考，没有把自己当成消费者。

现在，不要把自己当成一个文案创作者，我们只是一个普通的消费者，产品的试用者，我们拆开产品的包装，然后去体验产品，一点一点地观察它，并记录下产品给我们带来的感受。把我们看到、听到、闻到、尝到、触碰到、内心感受到的（见图5-1），都用文字记录下来，这样我们就有了一篇文案雏形。

图 5-1　产品带来的感官感受

我们进行文案创作时，可以同时找几个人一起体验产品，然后把体验记录下来，这样就会形成丰富的素材库，然后从中挑选出最能激发自己感官感受的文字，经过整理和润色，一篇好文案也就诞生了。

二、激发消费者的需求

消费者花钱购物时，通常都会慎重考虑产品对自己是否有用。也就是说，产品是否能够满足消费者需求。通常情况下，一个产品被研发出来，肯定满足了一部分人的需求。重要的问题是，当消费者阅读文案时，是否能意识到自己有这方面的需求。

人们产生购买行为的原始动力，就是满足自己的需求。比如，肥胖的人对减肥产品才会有需求；长相普通却爱美的姑娘，可能会产生整形的需求；饥饿的人对食物有需求……所以，想要消费者产生购买欲望，就必须先唤醒他们相应的需求。

需求的本质其实就是消费者尚未解决的内心冲突，冲突是诱发需求的本质原因之一。比如，减肥的需求就是因为"自身肥胖"与"想要瘦下来"之间产生了冲突，而减肥产品是解决这个冲突的手段；整形的需求，则是因为"长相普通"与"高颜值"之间的冲突，整形医院则是解决这个冲突的手段；对于"食物"的需求，就是因为"自身饥饿"与"想要吃饱"之间发生了冲突，而食物是解决冲突的手段。

因此，想要激发消费者的购买欲望，就要让消费者有内心冲突，从而激发消费者对产品的需求。对于文案创作者来说，可以用构建冲突的手段，让消费者感知需求，然后用产品给他们一个解决方案。

比如，淘宝女装品牌步履不停的经典文案，创作者就是构建了"现实的生活"和"向往的生活"之间的冲突。

你写 PPT 时，阿拉斯加的鳕鱼正跃出水面；

你看报表时，白马雪山的金丝猴刚好爬上树尖；

你挤进地铁时，西藏的山鹰一直盘旋云端；

你在回忆中吵架时，尼泊尔的背包客一起端起酒杯在火堆旁。

有一些穿高跟鞋走不到的路，有一些喷着香水闻不到的空气，有一些在写字楼里永远遇不到的人。

只有文案成功构建了冲突，才能促使消费者行动，而且冲突越普遍、越激烈，效果就越好。

那么，文案创作时，我们该如何构建冲突呢？德国心理学家K.勒温，将基本的冲突分为三种：双趋式冲突，同时面临两个"有利"选项，但你只能选择其一，就是我们常说的"鱼和熊掌不可兼得"；双避式冲突，同时面临两个"有害"选项，但你必须选择其一，也就是我们常说的"两害相权取其轻"；趋避式冲突，就是我们常说的"趋利避害"。

在营销活动中，双趋式冲突和双避式冲突的意义不大，我们在文案中常用的冲突类型为"趋避式冲突"。在文案写作中，首先需要找到产品的独特本质，然后围绕这个本质，开始构建冲突，让消费者知道自己处于较差状态，消费者可以有一个更好的状态，给出一个趋利避害的解决方案。

比如，甲壳虫汽车的经典文案中，为了表现"甲壳虫"的便利，文案使用了一头骡子来和汽车构建冲突。

三年前，密苏里州多拉镇的辛斯里一家，面临着一个艰难的决定：买头新骡子，还是买部二手"甲壳虫"？

他们对比了这两种方案的可行性。

首先要考虑的问题是寒冷的冬天。

这对温血的骡子而言，不胜辛苦，而对气冷式的"甲壳虫"，则无所谓。

其次是两个候选者的饮食习惯：干草PK汽油。

辛斯里先生这么表达自己的观点："我花一块钱的汽油可以跑80多英里，而且很快。"

再次是通往他们木屋的路况。

在这条路上，需要很多匹骡子才能拉动一辆马车，也有很多其他普通汽车一陷就是几个小时。

骡子需要一个仓库容身，"小甲壳虫"不需要，它整天暴露在外面，漆色却跟我们刚买来时几乎一样。

这篇文案表面上通过甲壳虫汽车与骡子的对比，构建了几个冲突，表现出甲壳虫汽车便利的本质。构建冲突的方法，就是穿插使用"更好状态"和"更差状态"，并给出解决方案——购买甲壳虫汽车。

三、恐惧诉求

我们都知道，人是非理性的，任何欲望的唤起，往往不是理性分析的结果，而是基于情绪的波动。读者看完文案后，之所以产生"迫不及待"想要买的感觉，往往不是被文案提供的参数、阐述的优势所打动，而是文案激活了他们的某种情绪。这些情绪分为很多种，其中最能调动读者消费欲望的是"恐惧感"，也就是我们所说的恐惧营销。

恐惧营销背后是有科学依据的，当人们感受到任何程度的恐惧时，都会激活大脑中的"杏仁核体"，让人分泌更多肾上腺素，这会让人在短期内提高"注意力"和"记忆力"，让人从"放松"的状态脱离出来，更加留意周围的信息。肾上腺素也会给人带来满足感，所以从某种意义上说，恐惧会制造一定的满足感。主打恐惧诉求的文案特别常见，那么，文案创作者该如何用恐惧诉求，激发消费者的购买欲望呢？

恐惧诉求的第一大主打方向，是让消费者意识到他们所处的糟糕状态，并认识其严重性，从而激活恐惧感，并让文案推荐的产品成为解决问题的最佳方案。下面，我们看一款睡衣的文案。

每天回家，我最喜欢的就是脱掉厚重外套，换上柔软睡衣，往沙发上一躺，全身放松，甩开一天的疲惫。

可如今天气越来越冷，北方朋友家里有暖气，身处南方的我只能抱着暖炉瑟瑟发抖。

之前的睡衣早已不够保暖，好不容易捂暖了被窝，半夜起身或者早上起床，披上冻得冷硬的外衣，冷得哆嗦，动作稍慢手脚就变得冰凉。

加之最近垃圾分类，晚饭后我都得自己下楼扔垃圾，要是穿着睡衣碰到朋友，那可太没面子了。

像我这种怕冷又怕麻烦的人，以及那些不抗冻的女生、长辈，冬天一定一定要备一套舒适又保暖的睡衣：

穿着睡觉被窝暖得快又不至于热出汗；

在家穿，温暖、不紧绷、不妨碍干活，还能让懒得换衣服的你体面地招呼那些突然来访的亲朋或者快递小哥；

偶尔下楼扔个垃圾，买个小菜，套上一件大衣，就能潇洒出门，无惧冷风和旁人眼光。

这么完美的冬季家居服，估计非大朴的珊瑚绒保暖睡衣莫属了。

文案创作者就是先描述了天气变冷没有保暖睡衣的糟糕状态，激活了读者的恐惧感以后，文案推荐的睡衣给出了最好的解决方案。

恐惧诉求第二大主打方向，就是拉长时间轴，强调未来风险的可能性。利用这种方法激活恐惧感，就是让消费者觉得在未来会发生糟糕的事情时他们自己很难应对，而我们的产品却可以帮他们事先规避风险。

比如，Keep发布的广告片《怕就对了》，片子色调颇有悬疑感，镜头聚焦到5个人身上：健身老人、盲人跑者、跳水女孩、瑜伽胖胖女、冠军自行车手。健身老人年纪大了，他害怕运动不安全；盲人跑者害怕跑出了自己的安全区遇上危险；跳水女孩怕高；瑜伽胖胖女怕被嘲笑；冠军自行车手害怕速度太快出意外。

但是，所有的"我害怕"都抵不过一句"但我更怕"，怕成为"最差的自己"。

Keep用恐惧营销吓唬你，最后告诉你——用Keep吧，用了你就不怕了。这个让人恐惧的点抓得比较高级——不是简单的生存安全需求，而是"自我认同"。

恐惧营销里的典型套路是给出痛苦的场景和严重后果，然后给出解决方案（购买产品）。

在睡衣文案中，以前的睡衣不保暖，出去扔垃圾需要换衣服太麻烦（痛苦的场景）；冻得瑟瑟发抖，碰到朋友没面子（严重后果）。所以，买这款珊瑚绒睡衣吧，保暖又体面（解决方案）。

在Keep广告片中，他们害怕高度、不安全、他人眼光等（痛苦的场景）；变成一个碌碌无为"最差的自己"（严重后果）；用Keep变成更好的自己吧，没什么好怕的（解决方案）。

使用恐惧诉求激发消费者购买欲望时，对痛苦场景的描述要具体。以上面睡衣的文案为例，如果没有对"寒冷天起夜""倒垃圾"等场景的描述，那"痛苦场景"可能就太抽象了，无法让读者产生情感共鸣。通过痛苦场景的具体描述，就会通过场景画面，引起读者对于同类场景的想象，进而激发他们的恐惧感。

使用恐惧诉求激发消费者购买欲望时，还需要突出事情的严重后果。如果文案单单描述痛苦的场景，有些人可能痛一下就过去了，这个时候我们必须"火上加油"，让读者觉得这个问题不解决，会给你带来难以承受的后果。比如在 Keep 广告片中，如果不用 Keep 产品，在未来你就可能成为"最差的自己"。

四、情感补偿

消费者买东西时，往往会有一番心理挣扎，他可能非常喜欢文案推荐的产品，但是他总会有消费的"负罪感"，内心觉得又买这么多东西，还这么贵；其实这个产品也不是必需品，这笔钱可以不消费……

作为文案创作者，就要想方设法打消消费者因为购物而产生的"负罪感"，激发消费者的购买兴趣，促使他们建立信心，让他们下单购买。

消费者可能也会给自己的购买行为找理由，比如，我虽然已经有一件羽绒衣了，可是那件衣服已经有些旧了；这款扫地机器人可能有些贵，可是能把我扫地的时间节省下来，我就可以做别的事情了……

消费者虽然能给自己找到购物的理由，但是他更希望得到别人的支持和认可。所以，文案本身就要为消费者找个合理的购买理由，并且要进一步支持消费者给自己找理由，以此减少消费者的心理阻碍。

我们可以利用"补偿心理"，消除消费者的心理阻碍，激发消费者的购买欲望。

在心理学上，补偿心理就是一种关乎人心理平衡的机制，是指人们因为主观或客观原因引起不安而失去心理平衡时，通过发展自己其他方面的长处，借以减轻或抵消不安，从而达到心理平衡。

比如，"11.11 到了，这是单身人士的节日，用购物来安慰自己吧！"这就是商家巧妙利用补偿心理，诱导单身人士进行情绪化购物，后来演变成全民购物狂欢节。有的父母不惜花费高额费用送孩子去参加各种兴趣班，把自己的人生理想强加到孩子身上，这其实也是一种补偿心理。

在文案中利用补偿心理激发消费者的购买欲望时，可以从两方面入手：一是补偿自己，二是补偿他人。

　　这种补偿心理可以是物质的回馈，提高消费者的生活品质。比如三全水饺的文案"吃点好的，很有必要"。当然，这种补偿也可以是精神上的关怀，慰藉消费者的心理。比如京东小金库走心视频广告《你不必成功》，就是瞄准年轻人的心理痛点，写出你不必成功的反"鸡汤"文案，利用共情心理，打动消费者。

　　你不必把这杯白酒干了，

　　喝到胃穿孔，也不会获得帮助，不会获得尊重。

　　你不必放弃玩音乐，不必出专辑，也不必放弃工作，

　　不必介意成为一个带着奶瓶的朋克。

　　你不必在本子上记录，

　　大部分会议是在浪费时间，你不必假装殷勤一直记录。

　　你不必总是笑，

　　不必每一条微信都回复，不必处处点赞。

　　你不必有什么户口，也不必要求别人要有什么户口。

　　即便生存不易，也不必让爸妈去相亲角被别人盘问出身。

　　你不必买大房子，不必在月薪一万元的时候就贷款三百万元。

　　……

　　你不必去大城市，也不必逃离北上广。

　　不必用别人的一篇十万加的文章来决定自己的一辈子。

　　不必每次旅游都要带礼物，

　　不必一次不落的随份子，不必在饭桌上辛苦地计算座次。

　　你不必在过年的时候衣锦还乡。

　　不必发那么大的红包，不必开车送每一个人回家。

　　你不必承担所有责任。

　　你不必背负那么多，

　　你不必成功。

　　同样的道理，如果一个人觉得别人为自己付出了很多，甚至做出了牺牲，而自己却付出很少，那么，他就会产生对别人的愧疚感，想要做出一些补偿别人的行为，以获得内心的安宁。这时候，我们写文案，就要激发消费者的愧疚

感，让消费者产生用购物弥补别人的冲动。而且，购物的理由很充足，我是为了爱我的人花钱，我花钱是为了感恩，这钱花得值！比如，唯品会年货节短片的文案。

> 你有多久没回家了？
>
> 一年365天你有几天陪伴家人？
>
> 你的父母，他们为了盼你多点回家都做过些什么？
>
> 每年春节回家，我们的一句随口说说，就是父母的大动干戈。
>
> 也许你并不知道，父母盼着你多点回家，默默做出了多少改变。
>
> 每位爸妈都有一个小本子。
>
> 他们学不会的那些密码，其实是盼我们多点回家。
>
> 今年春节，带上爱和年货早点回家吧，幸福就是在一起。

第二节　赢得消费者信任，消除购买疑虑

一、让权威为产品背书

大卫·奥格威在《一个广告人的自白》中说道：消费者不是低能儿，她们是你的妻女。若是你以为一句简单的口号和几个枯燥的形容词就能够诱使她们买你的东西，那你就太低估她们的智商了。她们需要你给她们提供全部信息。事实上，为推销产品提供的信息越多，推销出去的产品也就越多。你不会对你的妻子说谎话，也不要对我的太太说谎，己所不欲，勿施于人。

我们可以把这段话简单地理解为：消费者并不好糊弄，要想让他们买产品，我们就要提供很多信息，让他们对产品产生信任感。

如果说激发购买欲望是给顾客购买找到感性依据，那么赢得读者的信任，就是需要文案给顾客提供一个理性依据。

很多时候，我们的文案明明写得很生动，可是消费者就是不下单购买，一个很大的原因，可能是文案没有让消费者产生信任感。他们会怀疑这个产品真的有那么好吗？我会不会被骗了？

通过文案获得消费者的信任，打消消费者的疑虑，是非常关键的一步，这直接影响到消费者是否会下单购买产品。

权威有一种天然的让人自愿服从的能力，让权威为产品背书，往往能快速赢得消费者的信任。比如下面一篇文案：

看看现在有名的科技精英就知道，其实从小学编程不算什么新鲜事儿：

创办 Uber 的特拉维斯·卡兰尼克，6 岁开始学编程；

在谷歌研发出了 AlphaGo 的德米什·哈萨比斯，8 岁开始学编程；

特斯拉、SpaceX 火箭公司创始人埃隆·马斯克，则是 9 岁开始学编程；

……

事实上，编程教育低龄化早已是大势所趋：

英国强制要求 5 岁起必须学编程；

在美国，前总统奥巴马不但号召全美儿童学编程，还认为编程应该和字母一起学。

用明星为产品代言，也是权威背书的一种常用方式，因为语言会因为说话者的身份而赋予价值。比如耐克就经常请运动明星打广告，以"Find Your Fast"的名义，聚集科比、鲁尼、小威廉姆斯等世界顶级运动员，展示了他们的共同目标——快。又比如滴滴快车，不仅有明星代言，还有上车就提醒顾客"系好安全带"的明星语音。

当然，除了明星效应，还有专家代言，因为很多关于产品的专业性知识，必须有专家出场才显得更权威。寻找行业专家，利用专家形象给品牌背书，赢得消费者信任。比如，专家通过实验告诉消费者，舒肤佳为什么能十倍抑菌；牙医经过专业的解释，告诉消费者中美史克牙膏为什么抗敏感。

二、用事实证明

通过文案推荐产品时，如果只是笼统地用"非常好用，价格最低"这类词语，很难给读者留下深刻的印象。而且读者可能怀疑我们有夸大事实的倾向，并没有如实反映商品的真实情况。

无论何时，摆事实讲道理，是赢得别人信任比较有效的办法。比如我们看"物道"公众号上的一篇文案：

腊味香，年味浓，中国的团圆年，从端上一碗蒸腊肉开始。年夜饭上，腊味甘香的油脂缓缓渗透到白米饭中，唤起味蕾的记忆，也触发着团圆的喜悦。

　　中国腊味众多，有一腊味产自深山里，在腊味版图上甚少提及，却总让饕餮客念念不忘，真是"肉香不怕深山里"。好腊肉何须尝，初见心已醉。看那瘦的红艳似火，肥的黄如琥珀，丰腴鲜美，销魂哇！

　　……

　　它的美味，来源于坚守在恩施的千年传统手艺。土家族人认为，腊肉要熏好，有两个讲究：一是时令，寒冬腊月、气温骤降时，烟熏味才能随空气"冻"入肉里，保鲜也更长久；二是时间，慢腌，慢熏，慢工出细活，食物的细微变化，全仰仗时间的赐礼。

　　先是腌肉，不像其他地方喜好各种佐料，为了保留猪肉的原汁原味，恩施腊肉只放盐，揉搓后腌足 5 天。腌好后，就上炕熏制，这一步至关重要，一定要离火塘 2 米左右，近了味太浓，远了不入味。如图 5-2 所示。

图 5-2　腊肉的制作

　　火也是很讲究。一开始要用松柏树枝，加上橘子皮、茶籽壳慢燃，让不同的植物香味，逐渐渗入肉中的每一寸肌理。待一两天后，根据肉质变化，再逐步往火塘里加柴草，变为小火渐渐熏烤，这时候就要保持明火，锁住肉汁与香气。

……

腊肉虽寻常，选材却丝毫不能马虎。土家族世代居住吊脚楼，楼上住人，楼下养猪，每家每户多少都会养2～3头。这些猪被散养，吃玉米、红薯、地瓜叶等粗食，没吃过饲料，也不经催熟，健康、自然地生长。

……

在这篇文案中，腊肉为什么好吃？从制作方法到食材的选择，都进行了详细描述。实事求是地把产品的生产细节、产品质量写出来，读者在阅读的过程中，自然而然地就会被说服，对产品产生信任感。

需要注意的是，我们在文案中呈现事实时，要足够细节化、具体化，要把产品从原料到成品的过程场景化。而且还要告诉消费者，产品制造者之所以费尽心机，就是为了让消费者获得最好的体验。

用事实证明，还有一个表现方式就是"极端测试"，也就是把测试的过程呈现给读者。比如，为了证明手表是防水的，可以做个让模特戴着手表潜水的测试；为了证明衣服的面料不起球，可以用刷子或者钢丝球去擦拭。

眼见为实，当消费者目睹产品经过了极端测试后依旧保护完好，往往就会对产品产生信任。

三、利用从众效应

在心理学范畴，从众效应是指当个体受到群体的影响时，会怀疑并改变自己的观点、判断和行为，朝着与群体大多数人一致的方向变化。也就是指个体受到群体的影响而怀疑、改变自己的观点、判断和行为等，以和他人保持一致，这就是人们通常所说的"随大流"。

心理学家认为，人类从众的原因主要有两点。第一个点，为了获得奖励或者规避风险。比如公众号号主迎合读者的需求是为了提高粉丝的黏性；再比如，担心枪打出头鸟而和众人保持同一立场是为了规避风险。第二个点，为了信息。比如，我们坐火车时在一个陌生的小站下车，我们不知道在哪里能打到车，甚至不知道车站的出口在哪里。这时，我们只需要跟着一同下车的乘客往前走，往往就会解决遇到的问题。

当消费者对产品信息了解不多的时候，他们为了得到准确信息，往往就会选择从众。而消费者产生从众行为的前提，当然是对所随从的众人产生了信任。

心理学家告诉我们，人类社会存在三种主要群体：崇拜性群体——你希望加入的群体；联合性群体——与你有相同理想和价值观的群体；疏远性群体——你不想加入的群体。

我们写文案时，可以说服或者暗示潜在消费者，他们崇拜的群体以及与自己有关联的群体，都在使用我们推荐的产品，那么，消费者可能就会对产品产生信任。比如，某个网上课程的文案是这么写的："只有一年互联网经验，就能拿到 12 万以上的年薪！"这句话成功戳中了很多运营新人的痛点，很多人可能会在心里想："她是怎么做到的？如果我也能像她一样就好了！这个课程一定不错！假如我买了这个课程，我也可能会拿到超过 10 万元的年薪！"

人们既然为了获取信息而选择从众，那我们在文案写作过程中，就可以利用这一点。

具体的方法有两个思路。一个思路是从数据上体现产品畅销，让消费者产生信任。比如，"三亿人都用的拼多多！"另一个思路是利用消费者"崇拜群体"或"联合性群体"的购买经历，赢得消费者的信任感，从而产生购买行为。

利用消费者对"崇拜群体"产生信任而产生从众行为时，文案推荐的产品要有点名气。比如，我们要卖一款美妆产品，日本的"不老仙妻"水谷雅子在用，××明星在用，那么消费者很容易就会对产品产生信任。

而对一些小品牌来说，就可以利用消费者对"联合性群体"的信任感使其产生从众行为。比如，文案要推荐一款洗衣液，办公室的同事在用，宝妈在用，闺蜜在用，消费者可能会因此产生身份关联，从而产生信任。

四、打消读者顾虑

斯坦福大学心理学教授卡尼曼有一个著名的"前景理论"，其中很重要的一点是大多数人在面临获得的时候是规避风险的。

心理学家做了一个实验：面对两个选择，选择 A 是肯定赢 1000 元，选择

B 是有 50% 的可能赢 2000 元，但同时有 50% 的可能什么也得不到。

人们会选择哪一个呢？实验表明，大部分人都选择了 A。

这说明在面临即将得到的利益时，人类对于"规避风险"的敏感程度远远大于"得到利益"。也就是说，文案如果不能打消读者心理上的顾虑，就不能有效地提高转化率。

消费者在购物时，通常会产生以下顾虑。一是价格方面，这是消费者在购物时最容易出现的顾虑，很多时候，他们在乎的其实并不是价格是否昂贵，而是自己是不是吃亏上当了。二是品质顾虑，此类消费者担心的是，由于自己缺乏经验，担心自己购买的产品质量不过关，或者买到假产品。三是心理顾虑，这一类的消费者往往担心我买这么贵的大衣是不是太浪费了，我花钱买游戏设备是不是太荒唐了之类的问题。四是隐私顾虑，消费者会担心，别人要是知道自己买了某种产品后，会影响自己的形象。

针对消费者不同的顾虑，我们在文案中需要给出不同的解决方案。比如，消费者对价格方面有顾虑，我们可以在文案中给出"全网价格最低""买贵包退"的承诺。针对品质顾虑，我们可以给出"不满意 7 天无条件退货""免费试用""权威认证"等解决方案。在心理顾虑方面，可以给出"女人要对自己好一些"等"鸡汤式"的提醒和鼓励。对于隐私顾虑，除了要给出"隐蔽性"的保证，还要升华品牌，提升品牌的正面形象，让消费者意识到，买这个产品并不是一件羞耻的事情。

第三节　引导读者下单，攻破最后一道防线

一、算账法

作为一个消费者，我们是不是经常遇到这样的情况：我们已经被文案勾起了购买的欲望，也对商家做出的许诺比较信任，但是看到产品的价格后，心态马上就发生了变化——这个东西这么贵，真的值这么多钱吗？

"觉得价格贵"往往是阻碍人们下单的主要原因，如果读者不立即下单，

那之后下单的概率就非常小。"等等再买"往往等于"不再购买"。所以，我们写的文案到了快结尾时，要引导读者立即下单。

能促使读者立即下单的一个重要因素是让读者觉得这个产品的价格便宜。但是为了保证利润，我们不可能真的对产品进行降价，所以要通过文案达到的目的，就是在不降价的前提下，还让读者认为产品便宜。

读者打算下单的时候，往往要思考一番："我已经有一件羊绒大衣了，不需要再买一件大衣了；这个价位还是有点贵，要是不买，我就可以省一笔钱……"这个时候，我们可以帮读者算账，当然，算账的目的，是让读者感觉文案推荐的产品很便宜。

在文案中，算账可以通过两种方式呈现出来——平摊和省钱。

平摊，就是当产品很耐用但价格比较高时，我们可以把总价除以数量得出一个单价，让读者感觉划算。

我们看下面一款保险文案的结尾。

只要出生满 30 天至 65 周岁均可投保，最高可连续投保至 99 周岁！医疗险发生理赔后，仍然可以续保，且理赔不会导致保费上涨。

最主要的是：这款多保障的保险每月仅需要投资 12.3 元！只需要一杯奶茶的钱就可以保障全家人的健康，是不是超值！

我朋友已经开始戒奶茶买保险了！你还在等什么？

省钱，就是通过算账让消费者明白，如果买这个产品，可以具体为自己省多少钱。文案大师奥格威为奥斯汀轿车写的文案，就是通过算账，体现出奥斯汀轿车的价格很便宜，这篇文案的标题是《我用驾驶奥斯汀轿车省下的钱，送儿子到格罗顿学校念书》。

最近我们收到一位曾为外交事业建功立业的前辈的一封信。"离开外交部不久，我买了一辆奥斯汀车。我们家现在没有司机——我妻子承担了这个工作。每天她载我到车站，送孩子们上学，外出购物、看病，参加公园俱乐部的聚会。"

我好几次听到她说："如果还用过去那辆破车，我可对付不了。"

而我本人对奥斯汀车的欣赏更多是处于物质上的考虑。一次晚饭的时候，我自己在琢磨："用驾驶奥斯汀轿车省下的钱可以送儿子到格罗顿学校念书了。"

亲爱的读者们，您可能会觉得我们这位外交官先生太夸张了吧。其实不然，根据下面的事实您可以自己算一算：

您现在只要花1795美元（包括250美元的额外配件）就能买到新款的奥斯汀默塞特豪华车，非常划算。

汽油价钱是每加仑60美分，因此我们要研制出更省油的车，新款奥斯汀车每加仑油可以跑30英里，如果开得慢一点更省油。

油箱里可以加10加仑的油，能行驶350英里——从纽约出发不用加油可以开到弗吉尼亚州的里士满。

就我们的估算，奥斯汀使您的总费用下降近50%。

……

值得注意的是，当我们帮用户计算省多少钱时，我们要把时间周期放大，这样计算节省出来的钱的数目才会相对较大。

二、制造稀缺感

在消费心理学中，人们把"物以稀为贵"而引起的购买行为称为稀缺效应。简单地说，就是产品越稀缺，消费者占有它的想法就更迫切。

销售活动中很多场景，都可以用稀缺效应来解释。例如，为什么深圳湾1号楼盘平均3亿元一套的房屋挤破头都买不到？为什么国画大师齐白石的《山水十二条屏》能拍出10亿元，成为全球最贵中国艺术品？为什么很多网络课程在"早鸟价"就被人疯抢……

为什么会产生稀缺效应呢？我们首先要谈一个经济学的概念，这个概念叫"损失厌恶"，就是指人们面对同样数量的收益和损失时，认为损失更加令他们难以忍受。比如你今天丢了100元钱所产生的痛苦，远远大于抽奖中100元钱所产生的快乐。

所以人类对损失极其敏感，越是得不到，越是希望得到，这就是稀缺效应。通常情况下，"稀缺"代表两种不同的含义：一种是"物以稀为贵"，物品因为稀少才珍贵；另一种是人为制造的稀缺，提高某种物品的知名度，并因此引发抢购，也就是我们常说的"饥饿营销"。

我们可以在文案中制造产品的稀缺性，进行饥饿营销。下面是撰写"稀缺文案"的几个通用性模板。

最基本的技巧就是告诉读者产品的数量有限。例如：

只售×套，售完永不再售！

还有一个技巧就是制造名额稀缺性。例如：

前×名优惠××元，×名以后恢复原价！

前×名购买，额外赠送××元超值赠品！

在时间上制造紧迫感，制造产品稀缺氛围。消费者担心价格上涨，从而促使消费者做决定。例如：

离打折期限还剩×时×分×秒！

销售截止到××号，××号过后永远错过这次机会！

今天购买，额外赠送××元超值赠品！

今天购买可享受××元超低价，明日起，每天上涨××元！

稀缺性和紧迫感组合在一起以后，饥饿营销的威力将会更加明显。例如：

每天前×名购买，可享受××元超低价，并获得××超级赠！

×××超级赠品只有××份，送完即止！

××超级赠品只限×××号前购买的用户拥有，××号以后，我们将限制赠品的数量。

三、价格锚点

这个理论最早出现在 1974 年，是由特温思凯和卡勒曼在"幸运轮"实验中提出来的。实验中，参与实验者被分为两组，要求回答联合国中非洲国家占百分之多少的问题。其中一组先从一个幸运转盘获取一个数字，再回答问题，而另外一个组直接回答。幸运转盘转出的数值虽然与非洲国家所占比例没有关系，但是，当参与实验者转到比较高的数值时，给出的回答数值就会比较大，转到比较低的数值时，给出的回答数值就会比较小。也就是说，参与实验者回答的数值，受到了幸运盘转出数值的影响。

1992 年，托奥斯基提出了"价格锚点"理论，他认为消费者在对产品价格并不确定的时候，会遵循两种非常重要的原则——避免极端和寻求对比，来判断这个产品的价格是否合适。简单地说，就是消费者不确定产品实际值多少

钱，此时消费者第一个接触到的物品的价格就是价格锚点，消费者会将其默认这个物品的价格。此时消费者再看到其他类似的商品，会与此价格进行对比，从而对自己的判断产生影响。

有人做过这样一个实验，他们把消费者分成两组，分别问一个产品值多少钱。对第一组参与实验者是直接提问："你觉得这盒消炎药多少钱？"然后得到的结果是大部分消费者估价200元左右。

实验者对第二组参与实验者提问时，给出了一个价格锚点："你认为这个产品价格高于1000元还是低于1000元。"然后第二组所有的人都认为产品不值1000元，但是却给出了不合理的价格——600元。

在这个实验中，第二组消费者被问的这个"1000块"就是一个锚点，它让消费者对产品的估值提高，潜移默化地影响了消费者对价格的判定。

价格锚点是产品价格的对比标杆，价格锚点的逻辑，就是让消费者有一个可对比的价格感知。我们写文案的时候，可以利用价格锚点，引导消费者拿推荐产品的价格与标杆产品价格进行比较，然后得出推荐产品价格便宜的结论，从而产生下单购买行为。

我们看下面这条口红文案的结尾，是如何与同类产品做比较的。

现在市面上口碑不错的口红动不动就要五六百。

但现在这款口红，迪奥代工工厂贴牌生产，价格只需198元。

真的太划算了。

在文案写作中，要让你的产品显得不那么贵，就要放一个更贵的产品，这样你的产品的价格就显得便宜很多。

也有些时候，价格锚点设置的不是具体的数字，而是一个广为人知的品牌的价格。2019年5月17日，瑞幸咖啡在纳斯达克上市，在这个特殊时刻，瑞幸咖啡在时代广场用文案发表了《瑞幸咖啡宣言》。

好的咖啡，其实不贵。

咖啡不是奢侈品，而是一杯日常饮品。

你喝的是咖啡？还是咖啡馆？

我们只需要你为咖啡本身付费。

瑞幸咖啡的文案中，没有提及锚定的价格或者品牌，但是，瑞幸这句宣言文案的意图很明显，就是把矛头对准了相对高价的星巴克。瑞幸想要告诉消费者，高不可攀的价格并不是衡量咖啡的唯一标准，好的咖啡是指消费者的经济能力能承受得起的咖啡。星巴克能占据中国咖啡大市场的原因之一，是其提供了一个舒适的环境。瑞幸聪明地通过自己的短板，突出了价格便宜的优势。

总的来说，我们在写文案时，要学会利用价格锚点，或者利用产品对比和暗示来获得消费者对产品价格的认可，从而促使读者下单购买。

第六章
微信营销文案，吸粉引流快速实现文案变现

第一节　如何做好微信营销

网络经济时代，微信营销是企业或个人营销模式的一种，是伴随着微信的火热而兴起的一种网络营销方式。微信不存在距离的限制，用户注册微信后，可与周围同样拥有微信账号的朋友形成一种联系。用户订阅自己所需的信息，商家通过提供用户需要的信息，推广自己的产品，从而实现点对点的营销。

简单地说，微信营销就是结合公众号、朋友圈、社群，塑造个人或者产品的品牌价值，让消费者从了解产品到成交的过程。

微信文案是最常见也是最重要的微信营销方法，目前微信活跃用户数量特别庞大，而且微信推送消息是免费的，因此商家采用微信文案进行推广，可以节省营销成本和服务运营成本。

微信营销的门槛非常低，不管是企业还是个人都可以进行微信营销。要想做好微信营销，我们就要有社群营销的思维，从基础搭建到拉新引流，从养熟客户到成交，步步为营，实现利益最大化。

我们可以通过基础搭建、拉新引流、养熟客户、成交、裂变5个步骤来进行微信营销，如图6-1所示。

图 6-1　微信营销的 5 个步骤

一、基础搭建

进行微信营销活动之前，我们先要进行基础搭建，逐步把微信号打造成一个品牌。通常情况下，我们可以从以下几个方面进行基础搭建。

1. 打造形象 IP

打造形象 IP，就是对外展现自我形象。我们要想通过微信进行营销，就要打造一个良好的形象 IP。

首先，我们要给自己设置一个头像，从某种意义上说，头像就是我们的标识，它会影响到我们吸引什么样的客户。对于不同的营销领域，可以设置不同的头像，比如你是一位专业学者，或者是行业中的流量达人，你就可以将头像设置为自己的照片。而且头像一定要清晰、直观，不要遮挡自己的面部，这样更能够赢得别人的信任。按照常规心理来说，将头像设置为风景图不太好，因为风景图会让人产生一种距离感，而看到人像图则能够获得一种亲切感。如果不喜欢将自己的真实照片作为头像，也可以使用一些大家都喜欢的卡通形象来代替。

昵称要给别人眼前一亮的感觉，但是肯定不是那种非主流或者是很低级的昵称。要给别人一种高端大气并且很值得信赖的感觉，尽量简洁、大方。

地区是个可以聊天的话题，可以迅速拉近关系。地区不要写冰岛、马尔代夫之类没有意义的地区，不容易让人产生信任感，这样会失去很多交流的机会。可以把地区设置成真实地址，或者是一些一线、二线城市，为自己以后在朋友圈营销做铺垫。

个性签名要简单地表达身份，尽量避免"梦想、价值"之类的无意义签名。

朋友圈包括个性封面、个性签名、动态。封面很重要，不要总是发自拍，不要浪费传递信息的区域，晒团队、晒荣誉，晒你的作品都可以，朋友圈发的内容要和你的 IP 相关联。

2. 打造人格 IP

人格 IP 就是要展现你努力的过程，也就是我们平时说的"人设"。人格 IP 主要展现在平常跟别人沟通的时候，或者说在微信群里沟通的时候给人的一种感觉，也就是你能给别人的信任度。

二、拉新引流

要想吸引流量，就要先进行市场定位，明确我们的产品是什么？是虚拟产品还是实物产品？是培训还是服务？我们的用户是谁？用户的需求点是什么？我们提供的价值是什么？

做好自我定位后，我们就知道用什么内容来拉新引流了。比如，我们要做大学生线上求职培训，那么主要针对的对象就是刚毕业的大学生，他们的需求是找工作，我们提供的服务是面试技巧和简历修改。明白了这些后，接下来就是如何批量生产免费的内容，以什么样的渠道和方式来传播效果最好。

那么，我们所提供的内容从哪里来呢？我们可以关注和参考同行发布的相关信息，同行已经生产了大量的内容，我们要做的就是学习同行的知识，然后重新整合并创新，形成一套自己的理论体系。

我们可以把得来的内容送给目标人群。比如，我们可以将面试技巧或简历修改技巧做成一本电子书，凡是关注我们微信的人，均免费获得。

免费内容可以写成文章，也可以做成音频或视频。文章可以通过知乎、天涯论坛、百家号、360 图书馆等平台传播；音频可以通过喜马拉雅等平台传播，短视频可以通过抖音、快手等平台传播，长视频可以通过 B 站、腾讯视频、优酷、爱奇艺等平台传播。

三、养熟客户

养熟客户的主战场是公众号和朋友圈，然后是结合微信群和一对一私聊，最后是线上直播。

公众号的内容主题要围绕产品知识确定，而且要坚持写、坚持发，给客户传递有价值的信息，获得客户的认可。

要坚持每天更新朋友圈。朋友圈的内容由三大块构成：个人生活、产品知识、成功励志语录。建议每天发 8 条左右，分别是产品知识 4 条左右，个人生活 3 条左右，成功励志语录 1 条。

微信群主要是一个和粉丝交流的平台，如果为了过滤"广告党"，可以象征性地收点费用，设置个门槛，群友如果有问题，可以给予解答。每天写好公众号内容后，除了转发到朋友圈，还需及时转发到微信群，及时提醒粉丝阅览。

一对一私聊，主要针对第一次微信引流过来的粉丝，可以先打个招呼，或者发个小红包，看到他们的朋友圈时，可以给他们点赞评论，获得对方的好感。

直播正在成为营销高地，因为直播可将真实商品展现在用户面前，让用户相信自己，解决了宣传推广真实性不够的痛点。人们每天打开微信的频率高得吓人，利用好微信直播营销，必然会有一些收获。

四、成交

客户即使对产品感兴趣，也不会主动提出成交。客户如果有成交意向，通常都会释放出典型信号，比如对产品的使用、售后提出很多问题，要求演示产品，询问产品的优惠政策。

在实践中，我们可以主动向客户提出成交要求。如果无法准确判断客户的购买信号，有一个简单的做法是我们耐心解答客户对产品的疑问，这可以促成开单。需要注意的是，开单前别问客户买不买，而是采取更为主动的话术，比如"我去给你开个单子吧？"

1. 利益成交法

我们向客户介绍产品时，一定要注意多次强调产品能给客户带来的利益。有一种方式是使用"生活场景＋竞品缺点"来描述，强调推广产品能给客户带来的好处。比如，我们要向客户推荐一款轮胎，可以这样表述：使用我们的轮胎，你不用担心质量问题。如果您驾车正在高速公路上行驶，前方的路况突然出现问题，如果你使用的是普通轮胎，就会引起车子颠簸，还有可能出现危险。但如果您用我们的轮胎，就不会出现这个问题，因为我们的轮胎防震、持久耐用，再差的路况都能安稳驶过……

意向客户听完我们的讲述后，可能就会想，一分钱一分货，贵就贵点吧，安全重要。这样可能会提高客户的购买欲望。

2. 阶梯成交法

如果我们做大学生求职培训社群，我们一开始就收几千块钱的入群费，别人会花钱入群吗？不会的。因为用户和我们之间的信任还达不到几千块钱的程度。

因此，我们可采用爬楼梯的方式，一步步引导用户，最终达到成交的目的。新引流过来的用户，我们免费赠送求职宝典。然后通过朋友圈、微信群、一对一私聊、公众号等方式，进一步建立信任。

第一个成交时，我们可以先设置个较低的门槛，比如19.9元一堂课，然后在课堂上给他提供超值服务。让客户体验到我们确实有真材实料，能够帮助他求职成功。

很多时候，不管我们怎么说自己的产品有多好，能给客户带来多么超值的服务，客户就是不下单。那是因为客户内心始终都有个疑惑，怕付钱之后得不到自己想要的结果。这时候，要想打消客户最终的顾虑，就要给客户提供零风险承诺。比如，客户对产品不满意可以全额退款，让对方没有任何的风险担忧。

五、裂变

通过拉新引流，有了第一批种子用户之后，接下来我们就要想办法让种子用户源源不断地带来新用户，在线上可以采用"病毒"营销的方法。比如，我们可以通过红包、赠品等好处，吸引粉丝转发到自己的朋友圈，实现公众号迅速吸引粉丝。

利用老客户裂变，我们可以从两方面入手：社交、利益捆绑。比如，我们要做新媒体培训课程，设置了一堂价格 19.9 元的线上分享课，每个老客户都可以免费收听，而且还能够邀请 3 位好友免费进群学习，这就是利用社交进行老客户裂变。让老客户作为代理，邀请的新人费用全部归老客户所有，就是用利益刺激老客户不断去拉新人。

第二节　微信文案的 3 大类型

对于电子商务商家来说，微信强大的功能可以让他们直接与客户进行交流，直接回复客户提出的问题，从而获得更高的转化率，促成交易。

我们可以把微信文案分为 3 大类：公众号运营文案、朋友圈运营文案以及社群运营文案。

一、公众号运营文案

1. 公众号运营技巧

微信公众号是从微信延伸出来的一个平台，我们通过这个平台能更有效地展现自己和推广自己的产品，现在除了个人外，很多企业和知名品牌也走上了微信公众号的营销之路，可见这个平台拥有巨大的利益和潜力。

微信公众号的注册类型有 3 种：订阅号、服务号、企业号。订阅号更适合个人和媒体，具有信息发布和传播的能力。服务号更适合企业及各种组织注册，它的功能主要是用户管理并提供业务服务。企业号则是用于企业内部协调沟通与协同管理，属于企业内部所用的微信公众号。

内容是公众号的核心部分，我们需要用个性化的内容来展现魅力，吸引更多的人来转发或者留言，这样才会给公众号带来流量。

那么，怎么才能吸引用户关注我们的公众号呢？调查发现，一部分用户是通过朋友圈的转发关注公众号的，另一部分用户是通过其他的公众号推荐关注的，还有一部分用户是自己搜索关注的。除此之外，我们还可以通过网站或者是文章推荐来引流。

利用朋友圈引导朋友转发关注，可以用关注有红包的方式带动更多用户帮我们转发。寻找"大V号"进行推广，当然这是需要花钱的。当公众号拥有一定的流量后，也可以和同级别的公众号进行互推。线下地推吸粉的方式，就是找人流量大的地方，让路人扫二维码关注，为关注者赠送小礼品。

内容为王，在吸粉的同时我们要坚持持续更新高质量的内容。只有粉丝通过我们的公众号获得对自己有价值的东西，他们才愿意留下来。为了留住老粉丝、吸引新粉丝，我们要制订一个更新计划，比如隔一天更新一篇高质量的原创文章，时间最好不要间隔太久，天天更新高质量的原创文章，那再好不过了。

在公众号更新的原创文章，我们可以发布到其他的自媒体平台，这样对公众号推广也有很大的帮助。

2. 怎样写公众号文案，才不得罪粉丝

公众号运营者可能都有这样的经历，如果更新的推文都是营销文案的话，掉粉现象就会比较严重。现实就是这样，很多读者认为我关注你的公众号，是为了看文章的，你却时常想卖给我东西，你太拜金了，一身铜臭味儿，于是取消关注。读者形成了免费思维，他们可能不去考虑运营公众号是劳心费神的工作，如果没有相应的经济回报，没有资金支持，公众号又如何能持续输出高质量的原创呢？

但是，公众号的运营者是无法和粉丝讲道理的。粉丝就是流量，流量就是效益。那么，我们怎样才能写出不得罪粉丝的文案呢？

如果公众号有明确的定位，流量也比较大，找上门来做广告的金主比较多。这时候，我们就可以筛选和账户契合度比较高的品牌进行合作，账号定位和产品自然衔接，这样既不会得罪粉丝，转化率也比较高。

对于一些自我定位不太清晰的账户，情感、观点文、育儿等类型的文章都写。这样的账号如果接到广告，我们也要想办法把账号和产品强行关联起来。

写强行关联的文案时，很多人都会选择用巧妙转折的方法。比如，一个故事类的公众号，接到了一个护肤品的广告，这两者之间关联度并不大，这时就可以用巧妙转折的方法将账号和产品强行关联。

文案只要正文内容好，粉丝看到末尾发现是广告，也不会太反感，这有利于提高产品曝光度，二次传播也比较高。

当然，写强行关联的文案时，要尽量做到自然衔接。所谓自然衔接，就是正文和后面的广告之间的过渡要尽量自然流畅，只要正文内容好，即便粉丝看到末尾发现是广告，也不会感觉突兀。

我们可以从以下几个方面入手，把账号和产品自然衔接起来。

（1）明确产品信息。产品基本特征包括产品的材料、规格、性能、特点等。产品生产过程包括研发、生产、加工等过程。介绍这些能加深粉丝对产品的认知。还可以介绍产品使用方法，介绍使用方法以便于粉丝了解如何使用产品并且及时看到效果。

（2）了解粉丝喜好。在写文案前，需要全面了解粉丝的用户属性，要明白粉丝为什么关注我们的账号，我们的账号能给粉丝带来哪些有价值的信息。在此基础上，再去寻找粉丝感兴趣的话题，提供阅读性强的内容，这样才能让粉丝产生持久关注的兴趣。

（3）挖掘写作亮点。写文案时要抓住亮点，也就是中心思想。要抓住亮点，首先我们要分析产品资料，把粉丝感兴趣的点提炼出来。然后围绕这个点，挖掘主题，展开正文，然后在文章末尾顺理成章地把产品关联进去。在关联产品时，要实话实说把产品好的一面写出来。有时候，巧妙地把产品短板写出来，反而会增强粉丝的信任感。

值得注意的是，文章结尾一定要对应文章开头，前后呼应。只有做到这一步，才能在写好正文的同时，自然衔接广告。

另外，产品销售是综合行为，文案只是其中一个关键的环节。所以，文案要强化的亮点，要与推广、设计、后期宣发等相关内容的亮点保持一致。

3. 公众号文案的排版

读者在点开文案前，除了标题，首先看到的就是封面。如果封面图片有吸引力，也会激发读者阅读文案的欲望。

微信官方的建议是头条封面的图片尺寸最好是达到 900×500 像素，二级封面的尺寸是 200×200 像素。图片像素过低，预览时显示出来的图片就不清晰。

封面页的设计风格有以下几种。一是扁平化风格，使用这类风格图片作为封面的公众号，它们有一个比较相似的特征，就是用户群体呈现年轻化。此类风格的图片素材，可以在花瓣网、懒人图库搜索。二是实物图，实物风格的图片，是目前使用最广泛的一种，因为找图片比较容易，后期不需要怎么加工，就可以直接上传上去。三是图文型，图文型的封面，封面中偌大的字体与下方标题的小字体，形成鲜明的对比，容易吸引读者的注意。

排版工具比较多，比如秀米、135 编辑器、新榜编辑器，以及新媒体管家 Plus。

二、朋友圈运营文案

1. 朋友圈运营技巧

网上流行一个笑话：有个人在朋友圈儿卖东西，刚开始完全没人搭理他。功夫不负有心人，他每天坚持上货、拍照、修图，然后发到朋友圈。三个月之后，终于有了回报——所有人都把他给拉黑了！

这不仅是个笑话，这样活生生的案例，其实每天都在我们的朋友圈发生。我们觉得很靠谱的朋友，突然间开始卖东西了，然后，朋友之间可能就会相忘于江湖了。

朋友圈运营，不是连续刷屏就能吸引别人的注意。要想做好朋友圈营销，提高转化率，我们可以从以下几个方面入手。

（1）个人定位。运营朋友圈，要先进行个人定位。一个能让人产生认同感的朋友圈，一定要彰显个性，而且要贴近生活。比如你擅长写作，那就要把优势发挥出来，还可以进行适当包装，打造个人品牌，获得别人的认同感。如图 6-2 所示，是一个彰显个性的朋友圈。

如果朋友圈没有个人定位，内容就显得很杂乱，不方便传播。值得注意的是，进行个人定位的时候，一定要和自己的兴趣结合起来，兴趣是最好的老

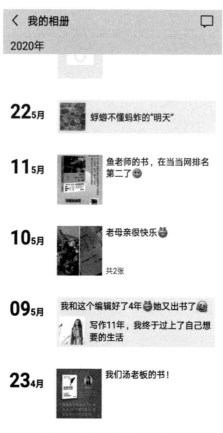

图 6-2　彰显个性的朋友圈

师，做自己感兴趣的事情才容易产生激情。

（2）坚持原创。通常情况下，原创文案互动性比较好，销售效果自然也会好一些。无论是产品广告还是生活分享，发在朋友圈的内容，最好是原创的。哪怕我们转载来的内容，最好加入自己的观点。原创内容才有差异性，才能对读者产生吸引力。如果品牌商给我们提供了内容，我们只是复制粘贴过来，这样的内容往往没有新鲜感，不会吸引别人的注意。

在朋友圈卖产品要有针对性，不同的场景要有不同的表达方式。我们要针对不同的受众人群，用不同的文案激发他们的需求。比如，潜在客户是中年女人，我们就要用一些比较严谨的内容去打动她们。如果潜在客户是"90 后"，我们就要发一些娱乐性比较强的文案。

（3）加强互动性。如果朋友圈具有很强的互动性，点赞数、评论数高，成交率自然就上去了。所以，运营朋友圈，前期的主要任务就是要把朋友圈的互动性调动起来。

那么，我们该怎样提高朋友圈的互动性呢？我们这里说的互动，不是被动地等别人过来点赞、评论，我们要主动引导别人来互动。比如，我们可以常去别人的朋友圈点赞、评论，而且评论时，观点要尽量犀利、特别，这样才能吸引别人过来关注我们的朋友圈。

提问式互动。比如，我们在朋友圈发送一条动态"我今天晚上要去吃牛排"，这样可能就不会产生比较好的互动。我们可以采用提问式发这样一条动态：今天晚上吃牛排！有谁知道哪家牛排比较正宗？有约的吗？

显而易见，提问式会引发大家的评论，这样就可以有效地提高互动性。

我们招代理的时候，也可以用提问式互动。比如我们可以这样发朋友圈：我们这里有×××产品，产品的优点是××××，大家有兴趣了解吗？愿意加入我们吗？想加入的可以评论，也可以私信。

制造神秘性。神秘性能引发别人的好奇和期待。比如，发一条这样的朋友圈：周日晚上 10 点，我将有一个重磅福利要公布，保证让你大吃一惊并欣喜若狂。想提前知道的朋友请点赞。

这样具有悬念的内容，肯定会让好友产生好奇并且有所期待。甚至有按捺不住的好友会迫不及待地评论，想知道重磅福利到底是什么。然后，到了约定的时间按时公布福利，好友的期待得到满足后，可能就会点赞和评论，朋友圈的活跃度就会得到有效提升。

有奖活动。采用集赞、评论送礼品，有奖问答的方式发送朋友圈，这样的文案容易对好友产生吸引力。

需要注意的是，设置的奖品要足够诱人，参与方式要简单。如果奖品没有吸引力，问题设置很难，那好友参与的积极性就不会太高。比如，可以发布照片或者点赞评论，发一张大合照，在合照中找到你的好友将得到一份奖品。奖品可以是自己代理的品牌，这样得到奖品的好友有可能成为回头客。

（4）要有娱乐性。社交的本质就是分享快乐，朋友圈要有娱乐性，太死板的内容无法吸引别人的关注，更不用说提高转化率了。比如我们可以在朋友圈转发一些笑话等。

（5）把握发朋友圈的黄金时间。我们精心打造的高质量内容，如果把握不好更新推送朋友圈的时机，那么效果可能就会大打折扣。下面是发朋友圈的黄金时间。

6:00前：这个时间已经醒来准备起床的人，自律性大都比较好。我们可以在朋友圈推送学习思考类内容，比如可以推送功能型、教育型软文，引导读者购买。

7:00～8:00：普通上班族起床时间，他们往往匆忙看一眼手机，就要起床吃早饭，然后出门上班。这时候我们推送的内容要偏向短篇幅的精简内容或图片。

8:00～9:00：这是更新推送朋友圈的黄金时间，这个时间大家往往都在上班的路上，会阅读较长的内容。

9:00～12:00：这个时间段是更新朋友圈的"雷区"，大家都在工作，较少看手机。

12:00～14:00：这个时间段也是更新推送朋友圈的黄金时间段，大家处在午餐或午休时间，会看内容而且还会与同事朋友做交流讨论，这时可发话题性内容。

15:00～16:00：下午茶时间，是容易出现疲劳的时间，大家会刷朋友圈缓解疲劳，这时适合发娱乐性比较强或让人容易清醒的内容。

18:00～19:30：这是下班和晚饭时间，刷手机的人不会多，而且这个时间段，大家忙了一天的工作都比较疲惫，如果要发朋友圈，建议发一些放松性内容。

20:00～21:30：这个时间段，可能一部分人有空闲，可以刷手机浏览内容，也有一部分人进入了学习时间。

22:00～24:00：深夜时间，情绪做主导，大家往往喜欢看鸡汤类或者容易引起共鸣的内容。

（6）巧借工具。微信朋友圈营销，一个人管理几个微信朋友圈还能应付，如果管理的朋友圈数量太多，我们就可以借助工具来辅助管理。有些辅助工具可以帮助品牌自动化操作发送朋友圈，点赞、加好友、高效客服管理等，可以有效节约人力成本，还可以解决人工操作效率低下等问题。

2. 如何提升朋友圈销售业绩

没有不好的产品，只有卖不出去产品的人。要想在朋友圈轻松地把产品卖出去，让客户主动下单，就要掌握一定的朋友圈产品销售技巧。

（1）养成搜集案例的习惯。我们这里说的案例，包括两个部分：自己的案例、客户的案例。搜集案例的目的，就是为了用事实向别人证明，我们的产品是如何受欢迎的，从而吸引别人的关注和购买。

自己的案例。我们销售产品前，都会先体验产品。搜集自己案例的第一步，就是要把自己体验产品的过程记录下来。比如我们卖的是护肤产品，那么就把使用产品以后，皮肤变白了之类的感受记录下来。接下来，我们开始销售产品，有多少客户买了我们的产品，我们可以把成交的订单以及微信收到货款的截图收集起来。我们把相关资料做成文档保存，向客户推荐产品的时候，就能更好地介绍产品的性能，并用事实为产品做宣传。

客户的案例。搜集客户案例，就是把客户的反馈整理收集起来。比如客户使用我们的护肤产品后皮肤得到了哪些改善，客户回购产品或者客户向朋友推荐了产品等内容。把客户反馈的内容分类保存，当有新客户咨询的时候，我们就可以直接把客户反馈的内容发过去。

事实胜于雄辩。如果我们只是向客户强调产品是如何好，客户可能不会轻易相信。如果我们把同类型客户的反馈意见摆出来，用事实说话，往往更容易使客户产生信任感。

（2）展示专业能力。我们做个假设，假如我们去美容院做护肤，有两个美容师向我们推荐一个护肤套盒。

第一个美容师说："使用了我们这个护肤套盒，皮肤会变得紧致白皙，这个产品真的很受客户欢迎！"

第二个美容师是这样跟我们介绍产品的：这款产品存量已经不多了，很受咱们店里老客户的欢迎，她们反馈说，用了这款产品后，皮肤水嫩细腻了很多。这是因为，产品将脂溶性的抗衰老精华成分做到油里，油分子更容易渗入皮肤内部发挥作用，还能解决深层问题。首先是大量的霍霍巴油、角鲨烷，因为这类油和人的皮脂非常接近，有很好的渗透力。其次再用辅酶 Q10 和维生素 E 复配，经皮肤吸收，可增加皮肤活力……

可想而知，我们是不是容易对第二个美容师产生信任感。因为她介绍产品的时候显得很专业。专业代表着权威，人们潜意识里，会对权威产生信任感。

我们在向客户介绍产品时，要把自己打造成专业人士的形象。那么，我们怎样才能摇身一变，成为某个领域的专业人士呢？

我们可以花费一些时间，把销售产品的构成元素、功能、研发过程等详细信息都搞清楚。也就是说，普通的销售人员向客户介绍产品性能非常好，而专业人士会向客户介绍产品的性能为什么会这么好。

我们还可以告诉客户，如何识别假冒伪劣产品。当一款产品非常受欢迎的时候，市场上往往就会迅速出现假冒伪劣产品。客户若不了解情况，可能拿着假冒伪劣产品的价格与正规产品进行比较。这时候，我们就要从专业的角度，把正规产品和假冒伪劣产品区分开，并且强调使用假冒伪劣产品会给客户带来哪些危害。比如我们可以从产品材质、制造流程等方面，详细地把正规产品和假冒伪劣产品区分开。专业的态度，往往会赢得客户的信任。

当然，我们和客户沟通交流时，要通过谈话的语气，让对方感觉我们在这方面很专业，而不是直接跟客户说我是专家，我很有权威。

简单地说，我们要以权威专家的口吻，给客户提出有效的建议和方案，提高客户对我们的信任感。

（3）假定成交。假如我们销售的产品是一款防辐射眼镜，我们向客户介绍产品的性能后，可以补充一些信息，比如，为了延长眼镜的使用寿命，放置眼镜时，不要让镜片接触桌面；用我们赠送的专用眼镜清洗液清洗眼镜，可以提高镜片的使用寿命；我们还可以把防辐射眼镜的维护方法写成文档，发送给客户，这样方便他们遇到问题时及时找到解决方案。当然，我们也要告诉客户，在使用中遇到任何问题，可以随时向我们咨询。

有些朋友可能会说，这些内容不是应该在订单成交以后，才告诉客户的吗？我们这里利用的是"假定成交"的原理，就是假设顾客已经购买了产品，给顾客制造一个使用产品的场景，这样会有效激发客户的购买欲望。

总的来说，要想提高朋友圈的销售业绩，在每一个销售步骤中，我们都要避免"大而空"的泛泛而谈，要从细节入手，逐渐积累经验，最终实现朋友圈运营利益最大化。

3. 如何在朋友圈策划营销活动

如何在朋友圈策划一场广受欢迎的营销活动，相信这是让很多号主头疼的问题。策划营销活动也是有规律可循的，制定一份良好的运营方案，按图索骥、精心部署，往往会获得不错的销售效果。盲目硬推，销售成绩肯定好不到哪里去。

比如，身边有位朋友是线下育儿师，她主要做线下培训，做一对一的咨询。后来她看到线上销售的育儿课程，与她的课程内容不相上下，在网上却卖得非常火，所以她就有了试试线上课程的想法。

这位朋友做了 10 多年的育儿顾问了，还和一些高端的幼儿园合作，做过一些培训活动，这些足以证明她本身具有一定的专业实力。然而，朋友精心制作的线上课程，销售情况却不尽如人意。

后来这位育儿师朋友反思了一下，她认为造成销售情况不太乐观的主要原因是没有提前做好营销运营方案。朋友做线下培训时，往往都是别人安排好学员，她只要去讲课就行了，也就是说她只擅长生产产品，缺少运营产品的意识。

如果针对这个育儿课程，做一份营销运营方案，销售情况就可能得到很大的改观。

我们在朋友圈策划营销活动时，可以分为 3 个步骤进行：选题、包装、推广。

（1）第一步：选题。朋友圈策划营销活动，命题选对了，可以说是成功了一半。我们要尽量选择有大众需求的命题，而且命题要有明确的利益点。如果我们选题不是大众需求的，也尽量扩大收听人群，让大众能感受到、接收到我们提供的利益点。

育儿师朋友的育儿课程，就是一个有大众需求的选题。因为庞大的微信用户群体中，宝妈占的比例相当高。

下面我们就要明确课程的利益点，也就是客户如果买了课程后，会享受到哪些益处。比如，宝妈学习育儿课程后，会掌握科学的育儿知识，会让宝宝健康快乐地成长等。

（2）第二步：包装。销售的产品即使本身质量已经非常好了，在销售前，我们也要对产品进行包装。当然，我们这里所说的包装，主要是针对用户的需求和痛点，对产品进行包装，从而获得用户的认可。

比如，在朋友圈销售育儿课程之前，我们可以有步骤、有逻辑地对课件进行包装。

① 课件包装。主要是把我们在选题中确定的利益点呈现给用户，让客户知道，如果购买了这个课件会获得什么收获。比如，用户购买了课件，就可以成为朋友圈里的育儿高手，会让孩子比同龄人优秀。

② 老师包装。对老师进行包装，就是拉近老师和客户之间的距离，有效地引发用户的共鸣。比如，如果我们上来就把老师包装成育儿博士或者教授，客户觉得老师很有价值感的同时，也会觉得自己和老师之间有距离感。

我们可以把老师的发展经历写出来：3 年前她还是个不懂育儿的"90 后"宝妈，老公收入不高，自己是全职妈妈，生活非常艰难。后来，她花了很长时间去研究"如何养育一个健康聪明的宝宝"，她报名参加了很多专业课程的学习，结合自己的实践经验，渐渐成长为受大品牌邀请的育儿讲师。从低起点到高成就的过程，更符合大众客户的需求。

对老师的包装要通过细节展示一些真实的状况，这样会让客户觉得原来这个老师和我一样也很普通，她现在变得这么优秀。我学了她的育儿经验，说不定也会变得更好。

③ 课纲包装。包装课纲时，我们可以把每一节课对应到每一个场景。比如我们可以说"我们整整花费了 10 天的时间，打造了 1 节课程"，这样就能让客户明确地知道"这 1 节课"的价值是怎样的。即使客户只对课纲中两三节课的内容感兴趣，客户也可能会下单购买。

我们要结合自己的优势，尽可能地提炼不同场景，覆盖更多人群的需求。

④ 展示学员评价。很多朋友圈运营者都知道，展示客户评价是一种很有效果的营销手段。很多时候，运营者为了宣传自己的产品，会弄虚作假，自己去写客户评价或者找人代写。其实，客户很聪明，他们会分辨出客户评价是真实的还是虚假的。我们最好实事求是，展示不同的客户评价，有时候适当地"揭短"，反而会提高客户对产品的信任度。

（3）第三步：推广。在营销活动中，推广产品是非常关键的步骤。如果推广做得不好，所有的准备工作可能就会前功尽弃。比如有些网络课程，前期对老师、课程的包装工作都做得很好，但是课程就是卖不动，这可能就是推广工作没做好。

要想做好推广工作，我们就要有一套可行的推广思路。比如育儿师的育儿课程推广，可以分为 3 个阶段：69 元先卖 1000 份，99 元卖 1000 份，后面可以涨价到 119 元。

推广之所以分阶段，就是为了冲销量。我们在网上买东西时，可能都会先看一下销量。如果销量好的话，从众心理就会让我们对产品产生信任感。

通常情况下，如果产品销量突破 1000 份的话，客户就会觉得这个产品可以放心购买。不过产品的第一个 1000 份，往往是最难销售出去的。

所以，关于产品第一个 1000 份的销售，我们可以采用分销的模式。所谓的分销，就是在"课程页"的右上角，有"分享赚"几个字，好友点击进去就会出现一个"邀请卡"，再点击之后，就会生成一张精美海报。好友可以把海报发到自己的朋友圈。如果有客户通过这个链接购买了课程，那么这个发海报的好友，就可以拿到一定的提成。这样就可以调动周边的朋友，帮助我们完成第一个"1000 份"的销量。

育儿师有几千个微信好友，她的合伙人也有几千个微信好友，她的团队以及其他成员，加起来也有几千个好友。大家把育儿课程的推广信息发出去以后，仅仅 1 小时，销量就达到了 1236 份。

有些朋友圈运营者可能会顾虑到朋友圈没有那么多好友，那怎么做推广呢？

朋友圈好友不多的话，我们可以一对一地邀请好友帮忙。然后，那些好友也一对一地找他们的朋友帮忙。当然，如果请好友直接帮忙推广，效果可能会大打折扣。比如这样给"育儿课程"做推广："××老师的育儿课讲得非常好！他是知名早教机构的高级培训师、育儿网的高级咨询顾问，推荐一下她的课程。"

这样写文案的话，好像在直接叫卖产品，不容易打动客户。我们可以用分享的口吻去推广："××老师的育儿课非常实用，而且还赠送了育儿软件和育儿问题解决方案，超级划算！让我没想到的是，我们还能通过这个育儿课程赚钱！"

产品通过第一阶段的推广卖得好的话，接下来的销售就容易多了。

4. 朋友圈文案的 4 种类型

朋友圈运营的整体框架搭建好以后，接下来就要落实到执行层面，也就是通过具体的文案，把产品推销给客户。朋友圈文案写得是否吸引人，直接决定着客户是否会下单购买产品。

朋友圈文案的字数，保持在120字以内比较合适。文字太长会被折叠，被看完的可能性比较低。

朋友圈文案，大概可以分为以下几个类型。

（1）吸引注意型文案。大家都知道，运营朋友圈，最好是每天都发朋友圈文案。但是，如果每条文案都是推销产品的话，很可能因为刷屏被好友拉黑。

所以，每天我们可以发两条早安、晚安的问候文案，这样的文案和产品销售无关，通常都是一些"鸡汤"类、励志类的文字。比如，早安文案可以这样写：

这世上的确没有什么是比叫醒自己更困难的事。想要什么，就真的为它努力。那些能让你真正成长的事，都不会太舒服，但只要坚持下来，就会给你带来蜕变。早安！

晚安文案可以这样写：

让自己乐观豁达起来吧，只要你的心理一改变，身体、精神也会随之变化，那样你会得到一种永远向上的力量，这种力量会使你快乐且充满活力！晚安！

朋友圈好友看到这样的文案很容易被触动，他可能因此会关注发文案的运营者而成为一个潜在的客户。

（2）卖货型文案。朋友圈的卖货文案要有以下几个特点。一是社交属性，大家翻看朋友圈，都是想偷闲放松一下，没有人是为了看广告刷朋友圈的。看看身边的朋友在忙什么，有什么有趣好玩的事情发生，点个赞、留个言互动增进感情。二是好玩有趣。社交就是聊话题，有趣的话题是社交的催化剂。幽默风趣的笑话或是自嘲话题文案，可以带动朋友圈的气氛。话题越轻松，人们的警惕性越低。这时候，顺带在话题中间夹带一些产品的广告文案，七分社交话题，三分推广产品。这样朋友不会太反感广告，因为他得到了社交的满足感。他在轻松一笑的同时，也就顺带了解了产品。三是简短精练。朋友圈是碎片化的社交，忌长篇大论。

下面我们看一条朋友圈的卖货文案。

国庆节老同学要聚会，听说初恋会去，暗恋会去，说不定情敌也会去，重要的是，当年说你一辈子都不会有出息的老师也会去。再不抓紧时间买辆车，你真的不好意思参加聚会了。我店数十款精品车任你选购，首付 2 万可提车。

那么，我们怎样才能写出有趣的朋友圈文案呢？我们从以下几个方面入手积累素材：平时看到有趣的笑话、广告等，就把它记录下来作为文案素材；把身边的一些趣事、精彩对话，整理成文案，这样的素材真实性比较高，文案可读性也比较强；关注社会热点，把产品宣传跟热点结合，传播起来自带流量。热点有两种，有的是可预知的，比如高考、国庆节等，可提前策划文案；有的是突发的，比如明星动态等，蹭热点的文案一定要及时推送。

（3）动机型文案。朋友圈的动机型文案，是给受众提供一个具象化的场景，从而使其选择或者更倾向于我们的产品。写动机型文案，需要体察用户的生活，主动帮用户营造一个使用产品的场景，让受众能够根据文案的描述，瞬间感受到在这个场景使用产品所能带来的好处。

比如，有一个上门洗车的文案，就属于动机型文案。

其实，你可能不知道的是

一次洗车店洗车的时间

完全可以看一集《欢乐颂》

使用××上门洗车，更多的悠闲时光

这个场景很具象，具象化的场景更容易对人产生作用，人们很多时候都是感官动物，比起抽象的文字，生动的、可体验的场景会更容易进入人的大脑并且被理解和接受。

（4）暗示型文案。这种类型的文案，不直接说明运营者的真实意图，而是旁敲侧击，用暗示的方式让用户体察产品的价值。这种文案通常不能直接形成客户转化，而是潜移默化地植入可靠的产品信息，其核心在于分享价值而不是推销。比如，我们看下面一篇英语培训班的文案。

有思想的年轻人在哪都不太合群，直到他们来到老罗英语。

不合群的人有很多，其中有部分人想学英语，那么这群人看到这个文案会想：我不合群是因为我有思想，有思想是个褒义词啊；有思想的人去跟着老罗学英语了，那我也应该去看看！

（5）实力型文案。单刀直入描述产品本身，用过硬的产品功能、性能、质量等给受众营造一种感觉——选择我就对了。要证明你的产品的确有过人之处，最好做到"人无我有，人有我精"，然后将重点放在产品的核心价值展现上。下面是一篇美容产品的推广文案。

去美容院做面部刮痧太贵！

在家里简单的敷面膜又达不到排毒养颜和紧致提拉的效果！

试试××净毒发热绿膜吧！

这款俗称绿色植物超声刀的绿膜具有激活面部细胞、排毒养颜、提拉紧致面部肌肤的功效！

带有面部刮痧板和教程，让你在家里也能实现面部刮痧提拉紧致的效果！

评论区：去美容院做面部刮痧一次最少200元，这个绿膜320g带刮痧板只需要568元，一周用一次差不多可以用大半年，你确定不想买一瓶宠爱自己？

5. 朋友圈文案的3种表现方式

从视觉的感官上来看，文字的展示效果弱于图片，而图片的效果又弱于视频。刷朋友圈的好友往往没有什么耐心看文字，配上图片后会在视觉上提高大家的注意力，如果配上视频，让大家看到现场，更能引发人们的好奇心。

所以朋友圈文案的形式应该是视频优于图片，图片优于文字，文字优于链接。不过，我们也不能忽略文字的作用，纯文字的文案可能没法做到每一条都特别吸引客户的眼球，但是如果能够做成"文字＋图片"，或者"文字＋小视频"的话，效果就会好很多。

（1）文字。文字是最常见的表达方式，但驾驭文字具有一定的难度。我们要尽量用简短的文字表达核心意思，而且要口语化，要把专业化的知识转换成通俗易懂的表达，让别人一看就懂。

基于朋友圈的平台特征，朋友圈的文案属于短文案，也就是说，我们用100个左右的字，把用户的痛点、产品的亮点，以及产品如何解决用户的痛点等内容都表达出来，这样就非常考验我们的文字驾驭能力和排版技巧。

我们可以把纯文字的朋友圈文案分为3段。

第一段是标题，我们可以用一句简短的话概括文案的主要内容。

第二段是文案的主体，是文案的核心部分。需要注意的是，我们要尽量用最少的文字去表达产品的卖点，如果产品有好几个卖点，我们每条文案最好只表现出一个卖点，否则文案内容就显得杂乱了。这一小段的内容不要超过4

行，因为，朋友圈最多能展示 6 行文字。也就是说，所有的文案都不要超过 6 行文字。

第三段是文案的指令部分。文案的最后部分，我们可以这样写"如果你喜欢我的产品，请点个赞。你有什么问题可以随时咨询我，我会及时给予解答"。也就是说，我们给出了指令——点个赞或者回复。

文案给出了指令，读者看到指令的瞬间，往往不用经过大脑，就会下意识地跟着指令去操作。

互动指令的作用在于筛选客户，我们引导读者点赞、评论，其实就是设置一个互动的游戏、规则，让读者产生互动行为。在互动中，我们就能测试出谁对我们的产品感兴趣。

（2）"文字＋图片"。与纯文字文案相比较，文字和图片组合的文案，在视觉效果上要好得多。有些内容单靠文字不一定说得清楚，加上图片效果，就能够及时清楚地达到传播的效果。

在文案中插入图片，插对了可取得更好的效果，插错了就会满盘皆输。也就是说，插入的图片不能喧宾夺主，否则读者就会被图片所吸引而分散注意力，忽略了文字。比如说，给一款男士护肤水的文案配了一张美女图片，读者可能就很难去关注产品的信息了。

在文案中插入图片的最终目标，还是希望读者看文字，然后被文字引导和影响。我们在文案中插入图片时，要注意以下几个方面的问题。

① 插入的图片要和文字相匹配，就是插入的图片刚好是承接或者解释这段文字的，图片与文字是相辅相成的。

② 插入图片的时机也很重要，比如文字太多，视觉上有密密麻麻的感觉了，这时候在某个地方插入一张图片，可以缓解视觉疲劳。也就是说，文字和图片的搭配，最好能形成错落有致的视觉效果。

③ 插入的图片，尽量是自己平时拍的照片，或者是工具流里面的图片。插入百度搜索来的图片，有可能涉及侵权的问题。

（3）"文字＋小视频"。视频在视觉上的效果更加直观真实，而劣势就是费流量，在没有无线网的时候，通常没有人愿意打开并观看。

朋友圈视频广告有 6 秒短视频和 30 秒长视频两种形式，前者胜在短小精悍，可自动循环播放，只有点击之后才会有音效；而后者胜在承载的信息量大，不仅能够传递主题，还能使用户产生带入感。

朋友圈视频广告要有表现重点，比如搞笑的短视频能引发人们的兴趣，还有直播产品采摘、包装的过程，也有直播自己生活的视频。视频的重点一定要融合在整体的营销策略中，比如微电影将营销融入剧情或体验场景中，这也是微信营销的一个重要方式。

可以利用简单的制作软件制作短视频，选择比较小众的音乐，通过与画面呼应来强化音乐感。最好能设计好完整的剧本，再根据风格来选背景音乐。

比如，我们可以用易企秀制作视频，易企秀是比较早的 H5 页面制作平台，功能非常强大，资源也很多，模板丰富。还有美图秀秀也很好用，能制作视频，能修图，能排版，可以对视频进行简单的编辑，小动画和贴纸、字幕素材都是免费的。

我们在视频广告中加入文字时，可以选择一个编辑视频的软件，导入自己想要编辑的视频，进行简单剪辑后，选择下一步，然后找到添加字幕的地方，点击字幕就可以添加字幕文字了。

6. 如何给一款产品写出多条朋友圈文案

很多朋友圈运营者可能都会有这样的困惑：我在朋友圈卖一款产品，每天都要更新文案，而且要更新好几条，围绕产品本身就那么点东西，写不出新花样，简直有黔驴技穷的感觉。

其实，只要掌握好切入的角度，就会有源源不断的灵感，这些灵感有助于我们组织素材，让我们产生更多的文案灵感。我们可以围绕产品，从以下几个角度找到切入点，写出多条文案来。

（1）产品的卖点。它包括区别于竞品的特点。比如，我们的产品是一款樱花裤，我们就可以写面料是日本进口的，裤子的版型设计独特，能显腿长等。围绕产品不同的卖点，可以写 5 条左右的文案。

（2）产品的功效。也就是产品能给客户带来哪些好处，能解决客户什么痛点。比如，我们的樱花裤，采用了微胶囊技术，可以有效缓解腿上皮肤干燥的问题。通常来说，一个卖点对应一个功效，以产品功效为切入点，也可以写 5 条左右的文案。

（3）产品的使用场景。产品能在哪些场合使用，怎么使用。比如，我们的樱花裤，可以在家里穿，可以在与闺蜜约会的时候穿，上班穿也不显得唐突等。想象一下，我们一天的工作、生活和娱乐，哪些场景中可以植入广告。这里大概能写出 10 条文案。

（4）产品的构成、工艺和原理。它包括产品有哪些成分，有哪些结构，有哪些高科技技术，它起作用的原理是什么。由内深挖，帮助消费者深度了解产品。比如，樱花裤采用的微胶囊技术，是将玻尿酸精华包裹在微胶囊中，黏附在面料上，在与肌肤摩擦过程中，将精华释放在皮肤上。这里可以写 3 条左右的文案。

（5）产品的价格。产品定价是多少，为什么这么定价；比竞品便宜还是贵，理由是什么。有无促销，有无打折优惠；原价是多少，优惠价是多少；什么时候恢复原价，是否涨价。根据产品的价格，可以写 1～2 条的文案。

（6）产品的产地。产品产地在哪里，有什么历史渊源，有没有文化故事。比如，我们的樱花裤的面料是从日本进口的，围绕日本这个产地，我们可以写 3 条文案。

（7）产品背后的人物。产品的创始人、设计者、生产者或者经营者，与产品有什么故事。我们可以挖掘这些人物的亮点，比如这个人物做出过什么成就，其过往经历与该产品有什么故事。很多人善于把自己的团队领导者，甚至自己的团队成员作为写作的素材，为产品赋能。比如，有个樱花裤的销售者，她原本只是个家庭主妇，后来她做了樱花裤的代理，实现了财务自由。如果思维活跃的话，这里可以写出 10 条左右的文案。

（8）购买过产品的客户。哪些名人买过此产品，她为什么购买该产品，获得了什么好效果。如果没有大牌客户，那么也可以挖掘普通客户与产品发生过的温馨小故事，一样可以打动其他消费者。比如，有个客户在朋友聚会时遇到了个心仪的男士，后来两人成为情侣。男朋友说，是她那天穿的裤子引起了他的注意……围绕产品的客户，可以写 10 条左右的文案。

（9）产品的包装。现在的企业很注重产品的包装，关于包装上的设计也可以大做文章。比如，我们的樱花裤的包装是无污染的环保袋等，这里可以写 1～2 条文案。

（10）产品的新闻动态。产品一旦生产出来就不会是静态的，一件有生命力的产品，会有许许多多为之服务的人，或者它服务的人。比如产品上市有发布会，产品走进某个地区，产品与某个品牌产生了合作，产生多少销量等。随着时间的推移，其新闻动态会越来越多。比如，我们的樱花裤，在某个时间段，销量有多少等，这里可以写5条左右的文案。

（11）产品给人们带来的感官感受。人有五官，所以相对应的有视觉、嗅觉、听觉、触觉和味觉。产品属性不同，侧重的五感也不同，比如食品侧重于视觉、嗅觉和味觉，家居产品侧重于视觉和触觉，音响主要就是听觉了。围绕产品能给人们带来的感官感受进行细腻的描写，能有效激发消费者的购买欲望。比如，我们的樱花裤，颜色有哪几种，都能给人带来什么视觉享受。樱花裤穿在身上，柔软的面料能给用户带来什么感受等，这里可以写3条左右的文案。

（12）产品的运输。产品发什么快递，包不包邮，几天到货，这里可以写1～3条的文案。

（13）产品的购买方式。比如如何下单、如何支付等，这里可以写1～2条文案。

（14）蹭近期热点。当所有的素材都利用得差不多时，最好的办法就是关注当下热点，结合热点来引出产品。比如近期天气迅速降温，我们的樱花裤保暖效果特别好等，这里可以写10条文案。

总而言之，只要我们认真思考，细心观察和积累素材，就会有源源不断的灵感。

三、社群运营文案

1. 哪些人适合发展社群运营

社群营销是在网络社区营销及社会化媒体营销基础上发展起来的，是销售者与用户联系及交流更为紧密和便捷的网络营销方式。网络社群营销的方式，主要通过沟通等方式实现用户价值，营销方式人性化，不但受用户欢迎，还可能使用户成为继续传播者。

社群是一种具有共同价值观的精神联合体和利益共同体，有人说对于线上营销，未来将是社群和社群之间的竞争。谁能更多地利用社群占用用户的时间谁就赢了。

　　然而，要想在社群这块大蛋糕上分一块，我们最好具备一些实力和资源。试想一下，如果一个人根本没做过线上营销，或者根本没有粉丝，上来就要构建营销社群，难度可想而知。那么，哪些人比较适合发展社群运营呢？

　　（1）公众号号主。公众号和社群相辅相成，会让运营者如虎添翼。公众号号主拥有大量的粉丝，建立社群时，粉丝将会成为第一批社群成员。公众号社群给公众号的粉丝提供了一个沟通交流的平台，可以大大帮助公众号提高活跃度，还能帮助我们更具体地了解粉丝的想法。

　　比如，公众号的阅读量突然降低，我们就可以在社群中做一个调查，大家对哪类题材感兴趣，对公众号文章有什么期待等；或者给文案取标题时，我们可以把几个标题放在群里，让大家投票选出最受欢迎的标题。

　　通常情况下，朋友圈和微信群的打开率会比公众号更高一些，有时候用户可能没有注意到公众号上的文案，我们就可以在社群里提醒用户去看相关的信息和活动。

　　（2）某个领域的话题行家。话题行家是某个领域的专家，或者对某个话题的讨论比较有经验，不一定是什么大人物，只要能辐射到朋友圈就可以。微信群可以帮助我们孵化第一批铁杆粉丝，对于群友的需求，我们可以给予比较专业的解答。产生比较活跃的互动以后，我们可以推出个人咨询服务。

　　比如，有个朋友在写作领域取得了一些成绩，她在朋友圈里发文稿信息，获得了一批写作爱好者粉丝。后来，朋友建立了一个写作交流群，有群友咨询关于写作的问题，她都积极地给予解答。后来有群友建议，让朋友开个写作培训班，这样群友咨询的时候就不会因为耽误了朋友的时间而愧疚，朋友因为是有偿服务，所以她就会付出更多的时间和精力来开设相对专业和系统的课程，可谓是双方受益。

　　（3）网红。他们也可以称为社交达人。这类人天生性格外向，喜欢社交，有着比较广的社交圈，微信好友几千人，平时随便发个朋友圈都有几百赞。这一类型的朋友如果找到一个比较擅长的领域，他们开一个微信群，往往会比较容易聚集粉丝。

　　比如，有个新媒体作者，结识了一些新媒体写作圈的高手，她因此就运营了一个社群，有几位高手为其增加了背书，后来也做起了课程。

（4）实体店主。经营线下门店的朋友，比如有自己的酒店、健身生活馆、美容院、咖啡馆等实体店面。这类群体真的很适合建一个自己的粉丝群。他们可以把客户发展为群友，通过运营客户群，和客户产生互动，从而让顾客产生黏性，对实体店的生意产生促进作用。

比如，我无意中光顾了一家足疗店，老板让我扫吧台上的二维码加入微信群，享受一个消费的折扣。我在足疗店的群里，看到店里有什么优惠活动，就忍不住赶过去凑热闹。时间久了，我竟然成了那家足疗店的常客。那个足疗店的位置比较偏僻，但是生意还算红火。偶尔和其他的客户闲聊，才知道大家都是群友。一个位置偏僻的足疗店，生意竟然做得有声有色，这跟老板有运营社群的意识是分不开的。

2. 优质社群需要具备的 5 个基本要素

高质量的社群，才会产生比较好的转化率。那么，一个优质的社群，应该具备哪些要素呢？

（1）群友志趣相投。群友要志同道合，有共同的兴趣和爱好。社群最大的价值，就是让人与人之间的关系变得紧密。趣味相投就像一个磁铁，可以把同一类型的人牢牢地聚集到一起。

比如，朋友家的泰迪后腿髌骨出了问题，他在网上搜索相关问题的时候，发现了一个宠物群。他申请加入宠物群，咨询群主相关问题的时候，群主告诉他，她家的泰迪也有这种情况，她一直让美国的亲戚给她买一种治疗宠物髌骨的药，效果非常不错，朋友立即请群主帮忙代购了那种药物。后来，朋友家泰迪的病情得到了改善。

因为群主非常喜欢宠物，她常常在群里晒她是如何宠溺她家的宠物狗的，也能轻易地发起一个关于宠物的话题。后来朋友才知道，群主把养宠物发展成了产业，代购国外的药物，卖自家鹦鹉孵出的小鹦鹉，卖自制的狗粮，甚至还卖宠物美容的课程……大家知道群主非常喜欢宠物，而且讲起饲养宠物的经验是一套一套的，大家非常信任她，也愿意买她的产品。

（2）话题。社群是否活跃并且能活跃多久，其实在建群之前就已决定了。因为社群往往是因为一个话题而建立的，而这个话题是否可持续讨论，就决定着这个社群能活跃多久。

比如，你建立了一个关于过年的社群，这个群就没有什么可持续的生命力。因为过完年大家上班后，对一些年货的需要、过年期间度假旅行相关事宜等需求，都不存在了，那么这个群就没有存在的意义了。

（3）目标。对于任何人来说，目标都具有非常大的引导作用。如果群友有相同的目标，那么这个社群也是比较有凝聚力和生命力的。比如一些学习群、习惯养成的打卡群，大家为了一个共同目标而进群，可能是为了学英语、减肥或者读书等。

社群的名字，最好能以群友们共同的目标命名。别人看到群名字，就知道这是一个具有什么目标的社群，这样可以吸引更多的有这样目标的人加入社群。比如，我们要建立一个读书群，如果给社群名字直接设定为"读书群"，这样就不够形象，没有什么吸引力。如果给社群起名为"每天读一本书"，这样就会产生更强的目标感和行为引导作用。

（4）群规。无规矩不成方圆，制定群规是维护社群的有效方法。群规可以营造良好的社群环境和氛围，同时也是在告诉群友，在这个社群里，什么事情可以做，什么事情不可以做。

社群的规则通常可以分为以下 5 种。

① 邀人规则。群主或管理员往群里邀请成员的时候，最好设置一个门槛，只有符合条件的人才可以入群。这样可以有效地避免混进来"僵尸粉"。

邀人进社群的方式有很多，比较常见的有：通过群主或管理员邀请入群，必须完成某个任务才能入群，付一定费用入群，主动申请才能入群，需要别人推荐才能入群，等等。

邀人规则从一开始就筛选了比较优质的群成员，这样可以有效减轻后期的运营维护工作压力。

② 入群规则。可以说，入群规则是筛选成员的第二道门槛。同时，入群规则也是给群成员仪式感最好的方式之一。通常情况下，入群规则包括以下几方面的内容：统一群名称格式，设置好进群欢迎语、群公告等群内要求，提前告知群成员群内规则，在规定的时间让群内成员逐一做自我介绍，这样可以帮助成员减少陌生感，并快速建立社交关系。

③ 交流规则。不同的社群设置的交流规则也不同，交流规则一般设置以下几点：不能有语言暴力行为，不发布违法乱纪的消息，不刷屏，不拉帮

结派。

④ 分享规则。定期开展分享活动有利于提高社群质量，这样可以有效提高群成员的活跃度及积极性。常用的分享模式有以下几点。一是群主、群管理员定期分享知识，很多人进群都是冲着社群运营者来的，运营者定期分享一些知识，可以让大家从中获得更多信息，满足大家的期待感。这种分享模式，对运营者要求比较高，运营者必须是货真价实的领域精英。二是邀请高手定期进行群内分享，很多社群现在都是这样，会与互补的社群合作，互相邀请进行分享，或者直接邀请行业内高手进行分享。三是群内轮流分享，需要注意的是要控制分享主题，尽量让主题与社群定位相关。

⑤ 淘汰规则。一个高质量的社群，可以定期淘汰不符合规则的成员，这样会让成员产生紧迫感，但会提高社群的价值。淘汰制的规则通常有以下几方面的内容。一是设定群人数。比如可以设置 100 人为满群，定期筛选长期潜水的成员并将其移出社群。移除一个群成员，才可以进入一名新成员，这样能让进入的成员倍加珍惜这个社群。二是删除违规者，对违规者，可以根据犯规次数进行相应惩处，犯规次数过多直接移出社群。三是积分淘汰，积分淘汰可以帮助社群提高质量，那些不在群里发言的人，也不进行分享的人，积分自然很低，按照优胜劣汰的规则就要把他们淘汰掉。

需要注意的是，群规并不是群主单方面制定的规定，而应是群友们共同认可的。有些社群运营者会事先定好很多严格的群规，希望群成员能严格遵守，保证群里秩序井然。社群运营者的出发点虽是好的，但容易引起成员不满或者恐惧的情绪。

（5）可复制。它指的是可以复制这个社群的运营模式或方法，在这个社群的基础上，裂变出新的社群。好的方法或模式，往往是具备底层逻辑且可复制运用的。我们可以这样理解"可复制"，刚开始运营社群，是一个试错的过程。运营社群的方法被验证有效后，这个运营模式就成为团队资本，也为后期扩大社群运营规模提供了方法，节省再次开发的成本。

比如，我们建立了一个新媒体写作基础培训群，社群发展到一定程度的时候，我们积累了一定经验，社群人数也快到达极限了。这时候，我们就可把基础培训群细分，比如再建立起新媒体"鸡汤"文培训群、新媒体故事文培训群、新媒体育儿文培训群。这样各个群的目标用户就更加精准，同时也扩大了规模。我们可以复制运营基础群的经验，用来运营从基础群细分出来的社群，这样还可以有效降低社群运营成本。

3. 如何做好社群推广

社群做得再好，如果很少有人知道，那么我们的一切努力也许就白费了。我们可以从以下几个方面，展开社群推广工作。

（1）通过朋友圈推广。社群第一批用户，肯定是来自朋友圈比较熟悉的目标用户。那么，我们就可以通过这些目标用户的朋友圈，把社群推广出去。比如，如果群里面有什么有趣的活动，可以鼓励群友截屏并分享到朋友圈，让更多人知道这个群的存在。当然，我们可以给在朋友圈推广社群的群友一定的福利，比如提高群积分，发个小红包，免费送一本群主的书等。

（2）通过公众号推广。这个渠道可能有点门槛，有自己公众号的朋友可以尝试在后台自定义菜单里面放一篇有关这个微信群的简介。如果公众号有新增粉丝，点进去就会看到社群的推广消息，或者也可以在公众号每天的文案下面，发一点推广社群的信息。

（3）通过口碑传播。"一传十，十传百"，口碑的力量是无穷的，相比其他推广方式，口碑传播的方式省钱还省事儿。不过，要想让社群产生口碑传播，除了社群提供的价值能满足用户的核心需求外，还要让用户对社群产生归属感，这样用户才愿意主动帮社群做宣传。也就是说，要想实现口碑传播，我们首先要先打动社群用户。

那么，我们如何才能打动用户呢？我们可以从以下几个方面入手。一是用每日话题吸引人，群友都是因为某个共同爱好聚集在一起的，社群运营者可以在群里发起每日话题，与大家进行讨论，并且挑选出几名发言比较踊跃的群友，给予他们适当的奖励。二是不发恶意广告，不良环境会让群友产生反感情绪，这样的话社群自然也就无法赢得好口碑，反而会招来负面评价。所以，杜绝恶意广告和刷屏信息，营造健康有序的群环境，只有环境良好的社群，才能通过口口相传获得更多的种子用户。三是提高群活跃度，有些社群中很少有人发言，运营者抛出话题往往无人回应，这样的群不会获得好的口碑，自然也难吸引到种子用户。活跃的气氛是吸引并留住种子用户的重要条件之一，群成员活跃度高的群，口碑也会更好，而且能够形成良性循环。四是关爱群友，很多社群气氛活跃，也没有恶意广告，但是口碑却并不怎么好，很大一个原因是这些群只有热情却没有热度，也就是说这样的社群缺乏"爱"。我们可以走温情路线，以情动人，比如社群里有成员过生日，运营者可以发生日祝福红包，而且呼吁大家一起为他庆祝，营造一个温馨有爱的群环境。

（4）通过其他外部力量推广社群。通过其他外部的力量来带动微信群的曝光量，比如在微博、豆瓣、简书、今日头条等各个平台都可以曝光社群。需要注意的是，最好不要直接放二维码，因为很容易失效和满人，最好留群主的微信号。

（5）选择适合自身的推广策略。对于社群而言，目前市面上有几种常见的推广策略和思路。一是以老带新，由社群老成员介绍并带来新用户，这种拉新的方法比较适合有一定口碑的成熟社群，比如"知识 IP 大本营"就是这样推广的，一个老成员差不多有三个内荐名额。二是裂变拉新，直接通过分销裂变，利益驱动，让已经进群或者外部的意见领袖（KOL）帮忙推荐，推荐者从中获取一定比例的提成。三是漏斗拉新，运营者讲一堂免费公开课，课程结束后，告诉用户还有一个更高级的课程和社群，如果想加入，那就付费加入，进行漏斗转化。

社群的推广策略有很多，社群到底该如何选择适合自己的推广方式？对于刚建立的、没有流量的社群，比较适合用裂变拉新和漏斗拉新的方法。通过这样的方法，通常能找到 100～1000 个社群成员，这样可以慢慢累积社群的影响和口碑。随后，我们可以慢慢提高入群的价格，改变推广策略，可以通过口碑转化，以老带新的方式来推广。

总的来说，处在不同时期的社群，推广策略和节奏也是不同的。我们必须结合社群的影响力和资源等问题进行有效推广，切忌生搬硬套别人的推广策略。

4. 如何实现社群的商业价值

社群的运营者，应该都是为了社群的商业价值来的。社群创建前期的各种准备工作，其实都是为实现社群的商业价值做铺垫的。当社群做到一定规模的时候，就可以考虑引入商业的内容，实现社群变现。

对于不同的社群，由于其产品种类和运营特点的差异，商业变现模式也各不相同。我们不可能提出一种适用于所有社群的商业变现模式，但是有一些具体的变现方式却被很多社群采纳，具有一定的代表性。社群运营者可以参考这些方式，再结合自身的情况进行社群的深度运营，实现商业变现。

（1）广告变现。社群作为一种媒体，也是一种很好的广告投放渠道。需要注意的是，往社群投放的广告，要与社群类型匹配，这样才能最大化地发挥社群价值。比如，我们在一个读书社群里投放卖衣服的广告，可能就会引起群友的反感。

对于社群来说，运营和互动是非常重要的，投放广告前要确保良好的运营基础和精准的群成员匹配，将广告作为群内容或者群活动推送给群成员。比如我们可以在读书社群里发送听书之类的广告，群成员叮能就会很愿意接受这些信息。

（2）电商变现。社群电商就是通过社群卖商品，当前情况下，销售产品也是很多人做社群的动力。将社群作为一种工具，通过电商实现变现，比较常见的有美妆社群、穿衣搭配社群以及母婴社群等。需要注意的是，社群售卖和挑选商品时，要以深度社群运营为基础，更要考虑与成员需求精准匹配的问题，没有社群的前期运营基础，产品与成员需求不匹配，肯定难以实现变现目的。

现在电商平台流量成本太高，而且容易出现瓶颈。马云说过，未来电商流量以私域流量为主。社群与电商结合的营销模式，就是一个非常有潜力的组合。

（3）会员收费变现。通常情况下，会员收费是社群变现最直接的方式。群成员要先支付一定的入群费用，这样才能正式入群并参加社群内部活动，享受社群服务等。其实，会员收费制就是入群门槛。社群与粉丝不同，社群成员拥有共同的目标和价值观，而社群运营者往往是某个领域有所作为的人，能针对群成员的需求，提供相应的知识，所以筛选群成员就变得理所当然了。

目前大家都应该对会员收费深有体会，比如知识社群，想要学到某个领域的精髓或者更多的知识，我们就要付出相应的费用。比如，我们之前在网上看影视还是免费的，现在如果不加入会员，哪个播放器也不会让我们轻易就能看到正在热播的影视剧。

（4）服务变现。这种方式更多地用于企业社群。服务变现主要是通过解答群成员的问题，逐步让群成员产生信任感，最后在出新产品或有活动的时候，可以实现变现。所以，该方式比较适合企业社群。

（5）众筹变现。利用众筹变现的社群，通常都是一些技术人员、设计人员。他们在某个领域，拥有独立设计的能力，但由于自身缺少资金，所以就利用社群来变现。比如小米公司就是最好的案例，小米公司旗下以品质生活为中心的精品电商平台，利用互联网和社交网络（SNS）传播的特性，让小企业、艺术家或个人向公众展示他们的创意，争取大家的关注和支持，进而获得所需要的资金援助。

社群众筹变现，有抱团取暖的意思，创业已经过了单打独斗的年代，大家团结起来才能获取最大利益，信息时代"共享"才能让利益最大化。将社群运营者的资源与社群成员的资源整合起来，可以产生无限裂变的资源。

（6）跨界变现。跨界相互导流是最常见的社群变现方式，比如写作培训社群与读书社群就可以互导流量。因为方向是一致的，就容易互相影响，实现共享。

5. 疯狂变现的社群是怎样写文案的

文案是社群的门面，是传播社群理念、输出社群内容、提升社群黏性的重要方式。对于一个社群来说，无论是举办活动，还是宣传社群，都需要通过文案来实现。

（1）破冰文案。我们的微信好友，少则上百人多则几千人，但是真正能互动交流的好友却不多，我们该怎样破解这种尴尬的局面呢？

有段时间微信平台管理比较严格，有个好友在朋友圈发了一条文案：

微信最近封号比较严重，这让很多靠微信赚钱的人很苦恼，我跟一位新媒体朋友学会了不用软件、不用群发的吸粉奇招，亲测效果非常不错。要想得到这份吸粉秘籍，评论回复"吸粉"告诉你答案。

如果微信好友想要获得该吸粉方法，就必须评论，我们把相关文件发过去之后，就有了聊天的机会了。

其实我们都特别反感接收到群发的消息，因为群发消息太打扰人了。平时不打招呼不聊天，偶尔聊一次，还是发广告、推销产品，别人怎么会买单呢？如果我们非得群发消息，就得讲究一定的策略。比如很多营销人员都用这个方法群发：

先在朋友圈发一条"点赞送礼"的文案：时间过得真快啊，不知不觉又到了我们的福利日，我们给你准备了丰厚的奖品。

福利 1：原价 109 元/盒，今天拼团价 69 元/盒，5 人成团。活动仅限今天 1 天。

福利 2：点赞即有礼，点赞第一名送爱心红包，点赞第 88 名送××社群会员。

然后再群发文案：嗨！××的朋友，好久不见！我策划多日的活动上线，需要你的点赞助力！N 项福利，已给你准备好，就等你来点赞！

这样的群发文案，给人的感觉是不是好很多。直接群发文案给客户的感觉是"你又来发广告骗我买东西"，但是这种文案传递的意思是"我们有了优惠活动，你不来就亏了"！

（2）拉群文案。社群和微信群不同，微信群好友兴越各有不同，社群里面的人一定要同频。所以，我们在建社群之前就得先筛选一部分人，我们邀请别人进群之前，需要用一段文案介绍社群的属性，例如：

本群为××精致生活圈，以分享产品使用体验、达人经验，母婴（女性）兴趣经验互助交流，活动福利回馈为主。

进群即可享社群大福利哦！

- 每天有社群红包。
- 社群专享福利商品。
- 每天群内一分钱抢 10 元优惠券。

社群火起来之后，我们常常莫名其妙地被拉进了某个群。很多人都变懒了，即使我们的拉群文案写得再有吸引力，客户可能懒得看上一眼，还有同行爆粉（大批量地加好友），这好像都是没办法避免的。所以最好的方法还是用基础的文案介绍一下群属性，然后直接发群链接，如果有兴趣的话自然会加入，没兴趣的人也不是我们的潜在客户。

如果想防止有人爆粉的话，我们可以在中间穿插一些自己的人，如果有人同时加我们安插的人，那么我们就把他移出群。

（3）社群规则文案。写社群规则文案，一定要简洁且有重点，我们要用简洁的语言，清晰直接地告诉大家在社群里面，不可以做什么事情，如果做了这些事情，会受到什么样的惩罚。比如一个写作交流群，是这样写群规文案的：

群里不准发与写作无关的信息，

不准私自建群，

不准互撕，

禁止其他一切不利于团结和写作的事情，

提倡友好交流，一起进步成长。

（4）任务公告文案。这类文案，最重要的是要保证文案的直接和清楚，让用户读完就知道应该做什么？该怎么去做？比如，某读书打卡平台发了一篇活动文案：

全场通用 20 元优惠券 12 点失效，

打算订课的伙伴抓紧使用哦！

平台优惠最后一天，

且行且珍惜哦！

《××英语》打卡返现，想要免费学习的伙伴可抓住机会啊。

（5）裂变文案。社群裂变的核心，其实就是老用户带来新用户，新用户又带来新用户，循环往复，像滚雪球一样越滚越大，从而形成社群裂变。文案往往直接决定了用户是否积极参与裂变的重要环节。

裂变的技巧就是我们通过活动，给用户提供足够的价值，这样才能让用户有动力进行转发和裂变。而且，要想让社群产生裂变，首先我们得有一批种子用户，还需要设立裂变机制。我们看下面一篇社群裂变文案：

欢迎各位进群的小伙伴！！！

我们建立的是一个开放性学习平台，未来三天会邀请××老师为大家讲解他是如何通过社群营销实现月入 50 万元！

现邀请一位朋友进群就送价值 99 元的《365 种吸粉秘籍》电子书一份。

邀请五位朋友进群就送价值 999 元的《微营销全集》电子书一份。

邀请十位朋友进群就可以加老师的个人微信，可以一对一解答你现在遇到的任何社群问题。

欢迎各位伙伴积极参与，另外群内禁止发广告、乱加人，禁止传播负能量。如有违者，立马踢出！

在社群裂变中，海报是最直接的信息传播途径，图片的视觉冲击配上文字，往往会更容易吸引用户的眼球。比如，十点读书旗下有个小号，一年涨了一百万粉丝，这个小号运营的是共同读书的项目，我们看一下他们的海报文案：

你有多久没读完一本书了？

语音领读，精华提炼，每周随笔，组队对抗惰性。

每周共读一本书，一年轻松汲取52本书的精华。

这篇海报文案将我们隐藏或者忘记的焦虑重新唤起：是啊，我有多久没有读完一本书了？

文案有目的地引发了用户的恐惧，随即做出引导，促使用户产生行动。

第七章
微博营销文案，抓住热点打造精品文案

第一节 如何从零开始运营微博

微博营销是指企业、个人通过微博平台创造价值的营销方式，也是指企业、个人通过微博平台发现并满足用户的各类需求的商业行为方式。

微博内容简短，通常最长的微博不会超过 140 个字，微博这种快餐式的阅读，使营销变得更快。同时，微博的互动优势是显而易见的，每次发生热点事件，相关微博都会大量转载，产生"病毒"营销效果。

基于微博平台的特点，微博营销的优势表现在以下几个方面。一是宣传费用很低，在"互联网＋"时代，顾客消费后的口碑评价会成为其他顾客参考的重要依据，口碑评价具有低成本和影响范围广泛的优势。二是可信度高，口碑传播通常都发生在朋友、亲戚、同学以及同事之间，可信度比较高。三是可提升企业形象，为了提升企业形象，企业需要做出长期的努力。四是可提高用户对品牌的忠诚度，产品的质量和知名度，直接影响用户对品牌的忠诚度。提高用户对品牌的忠诚度，对企业的生存发展和扩大市场份额具有极其重要的意义。

一、个人微博运营

个人微博运营就是个人利用自己的微博发布相关信息，并与其他用户进行互动，包括微博转发和评论等。目前来看，进行个人微博运营的有明星、知名人士，也有个体经销商、淘宝客等。

明星、知名人士本身就自带流量，他们在自己的领域本身就有很大的影响力，进行微博营销，只是把线下的影响力搬到线上而已。还有一些是玩微博比较早的人，找到自己的定位后，随着微博的发展，快速获得了最早的一批粉丝。

对于更多的普通用户来说，做个人微博营销，就要从零开始，在探索中，利用一些方法和技巧，逐步打造个人品牌影响力。

（1）设置昵称。设置昵称时，要考虑两个因素：容易识别，字数不要太多。我们可以用自己的名字，也可以用读起来比较顺口的词语，要有利于品牌传播。如果昵称中有生僻字，昵称超过了 5 个字，或者在文字中加特殊符号，这样不方便别人记住，更不用说去传播了。

（2）头像。头像最好直接放个人真实的生活照，这样给人的感觉会更鲜活，更有代入感。有人喜欢将卡通或者动物形象设置为头像，这对后期的营销是不利的。我们的微博是为营销推广服务的，头像的设置也要有利于营销推广。

（3）简介。70 字的简介是展示自己的黄金区域，别人点击头像进入微博的主页后，可能第一反应就是通过简介了解我们。所以，我们要在简介中把自己的优势表现出来。比如自己喜欢写作，可以写发表了多少作品，出了什么书，等等。我们要把自己的优势凸显出来，让别人感觉我们与众不同，这样才可能获得别人的关注。

需要注意的是，我们只能写 70 个字，所以就要选择最重要的写。通常情况下，个人简介只需要 40 个字，如果写得太满，说明我们想表达的东西太多了，这样反而不利于突出我们的特点。

（4）达人与认证。如果可以取得微博认证，那么最好是微博 V 认证，这样我们的权限会比微博达人更高一点，微博就会给我们更多的推荐机会和更多的功能。如果没法微博认证，那我们也要申请微博达人。试想一下，两个差不多的陌生账号，一个是有微博达人标记，一个空空如也，用户会选择关注哪个？

黄 V 认证标志（微博个人认证），往往会给人一种权威的感觉，会有更多的机会被点击查看。当人们看到有微博达人标志时，潜意识会认为这个账号比较活跃，如果正好对方也是微博达人，该账号会给人既活跃，又权威的感觉，账号被点击查看的可能会大大增加。

（5）定位。做微博营销一定要找准自己的定位，要考虑清楚，我们想成为哪个垂直领域的优质账号？确定了定位，账号就更具识别性。那么，我们该怎样找到自己的定位呢？通常情况下，我们要从自己的兴趣出发，兴趣往往是人们把一项工作坚持下去的最大动力。一个人对自己感兴趣的事情，往往可以更好地坚持下去。比如，有些人的微博账号，刚开始做的内容和测试相关，后来又发和运营相关的内容，接下来又可能换成了与金融相关的内容。这样的话，账号几乎就没有什么定位可言了。

（6）内容。引爆转发是带来粉丝的最有效的方法之一，那么，哪些内容更容易引爆转发呢？我们可以从以下几个方面尝试一下。

① 容易和粉丝产生关联的内容。也就是说，博主发的微博信息能触动粉丝，让粉丝产生共鸣，觉得博主就是在说自己。比如发一条微博，内容是过年返城时，车的后备厢里装满了父母塞进来的美食。如果正是过完节返城的高峰期，粉丝看到这样的信息，想到自己车后备厢里也塞满了父母给准备的好吃的，就会受到触动，可能就会转发这条微博。

② 实用信息。凡是实用信息，对别人有用的知识，大家都会毫不犹豫地转发，像各种软件的操作技巧、求职简历模板、新媒体爆文写作方法，等等，转发者往往源源不断。

③ 有奖转发。这是直接利用人们爱贪图便宜的心理。但凡是有奖转发的，转发人数都成百上千。

（7）形态。通常情况下，有两种形式的博文更容易被传播：一种是纯文字，一种是"文字＋配图"。为什么"文字＋视频"不太容易被传播呢？一个重要的原因可能是"文字＋视频"点击成本比较高，视频需要耗费很多流量，而且视频通常至少有四五分钟的时长，在碎片化阅读时代，粉丝是没有耐心看

5分钟的视频的。

"文字＋配图"形式的博文中，配图可以是静态图片，也可以是动态图片，静态图片可以是一张图片，也可以是多张图片拼成长图，主要看哪种形式更适合表达自己的观点。

纯文字的博文最考验文字功底，文笔好坏直接影响别人是否愿意转发。这里讲的博文其实就是文案，那么怎么提高文案写作能力？可以研究一下引爆转发的文案是怎么写的，为什么它能被很多人转发，当我们拆解100条高质量微博后，我们就会发现一些规律了。然后我们可以去模仿练习，不断地总结经验。

（8）圈子。很多时候，我们认为很容易被转发的内容，结果却无人问津。所以我们要找人来帮我们转发，让此条微博呈现在更多的人面前，这就是流量。就像在商场中，人流量大的位置的店铺，销量一般不会差；高品质商品放在位置比较偏僻的店铺，也很难卖出高销售额。

那么，我们该找什么样的人来帮我们转发呢？跟我们的微博内容相关的微博账号，也就是我们的内容他也感兴趣；另外就是，直接找相关领域中的高手帮我们转发，当然我们要努力联系上他，还要想办法说服他帮我们转发。如果对方真的帮我们转发了，而且传播效果也不错，慢慢地，我们在这个领域就有了一些名气，就会吸引更多的人关注我们，我们就会得到更好的成长。

当我们的个人品牌影响力逐渐建立起来以后，接下来的运营活动，相对来说就比较容易了。

二、企业微博运营

企业微博是微博平台专门为企业用户提供的一种微博类型，企业进行微博运营，就是企业通过微博来增加自己的知名度，从而最终达成更大范围的销售与转化。企业微博运营主要是以盈利为目的的，运营难度相对较大。不过，企业微博一旦受到稳定的消费群体关注之后，那么对企业来说，这将是一次非常成功的营销。

（1）明确定位。它几乎是所有产品、业务最初就要落实的重要事项，定位不明确，后期的路就会越走越难。

要对账号当前所处的阶段进行定位。微博处在不同的时期，运营的侧重点也不同。比如在微博的起步阶段，运营就要侧重于平台注册、平台认证、基础建设之类的工作；到了发展阶段，运营工作就要倾向于平台的个性化、内容的栏目化以及活动系列化方面的工作；到了比较成熟的阶段，就要考虑活动品牌化、栏目品牌化、口碑营销以及建立行业影响力等问题了。

要对内容进行定位。我们要先确定，做 C 端（以个人消费者为终端用户）的内容还是要做 B 端（以组织群体为终端用户）的内容。如果我们把渠道定位为 B 端，写出的内容却是 C 端的内容，那么微博的粉丝群体精准度就会大幅度下降。

要对微博渠道的用户群体进行定位。我们可以从用户的性别、职业、年龄、消费水平、消费习惯等方面入手，对用户群体进行定位。需要注意的是，我们不要被产品和品牌的用户群体所限制，只看品牌和产品的用户群体，而忽略了微博平台自己的用户群体特性。我们要根据渠道和用户定位，规划微博渠道内容。

（2）基础运营。如果企业微博处在比较初级的发展阶段，重点工作就是做基础运营。所谓基础运营，又称美誉度运营。对于企业微博的运营者来说，要把企业微博当成一个产品，要以产品运营的心态运营新媒体渠道。产品运营首先要保证产品基础功能没有大漏洞，页面不能太粗糙。运营企业微博，首先也要考虑微博认证、互链优化，以及与用户互动等问题。

（3）背景墙。微博背景墙优化，PC 端和移动端都要优化。背景墙要简洁，千万不要在背景墙上放标识。很多企业总担心别人不知道自己的微博是哪个企业的，于是在背景墙上放了若干个标识。其实微博图标和微博名称，就已经足够让人知道这个微博是哪家品牌和企业了。微博配图统一风格，可以考虑制作一些微博配图模板，不同栏目设计系列模板。

（4）用户互动。用户的每一条评论、私信都要回复。不要觉得浪费时间，或是枯燥。如果每条评论都一一回复，微博活跃度马上就会提高。另外，用户原发的内容，如果看到优质内容可以转发，这样可以刺激粉丝通过互联网转发，即使不转发也可以做个评论或点赞。

（5）人格化运营。根据用户定位，可以给官方微博起个个性化的名称。这样可以拉近与用户的距离，赋予企业微博温度。比如小米的米兔，其实就是品牌个性化运营，大家一看到米兔，就知道这个代表着小米。这样在没有太大活动经费投入情况下，就可以根据此个性化人物，在淘宝上定制周边礼品，节省经费还能给礼品增值。

（6）规范微博语言风格。官方微博与用户互动时，可以根据自己的渠道和用户定位，结合人格化形象，规范微博的语言风格。

（7）更新微博周期。通常情况下，每天发 8 条左右比较合适，每条微博的间隔时间最好保持在 30 分钟到 1 个小时。同时，微博阅读有几个高峰，早上 10 点，下午 4 点，晚上 11 点之后。

（8）精细化运营。在很大程度上，基础运营是为精细化运营提供发展的土壤和平台，基础运营顺利落地，微博运营也就成功了一大半。如果基础运营还没搭建好，就开始投资做活动，用户一旦流失，再次获取用户的成本将成倍增加。简单说，运营就是拉新、存留、促活，精细化运营就是考虑如何把用户盘活。

（9）内容运营。内容为王，优质的内容是实现拉新的有力武器，内容分为官方输出的内容和用户产生的内容。官方输出的内容，可以多输出一些实用类的信息，也可以结合时间节点和热点事件策划活动。微博不能只有官方输出的内容，官方要刺激用户输出内容，盘活用户，增强用户的参与感。可以通过发起一些活动让用户参与，比如科技数码类微博，可以发起体验贴的活动，让用户输出玩机体验内容。官方在用户输出内容基础上，再次策划包装这些内容，一方面可以二次传播，另一方面也是对用户的一个肯定，可以刺激他们更多参与活动。

（10）活动运营。活动分线上和线下活动，线上活动是增粉最快的手段，同时也可以提高活跃度，抓住大型营销活动时机，线下活动的增粉关键在于如何最大限度导流。

微博线上活动的发起，推荐多使用微博活动平台。新浪微博活动平台自带的活动，相当于免费的活动广告资源。在没有市场广告经费的情况下，这是增加粉丝的一个好办法。关于线下粉丝活动，如果有抽奖的环节，可以把这个环节与关注账号绑定一起处理。推荐新浪微博大屏幕，这样既可以增加最真实的粉丝，也能够带来传播和曝光量，还不需要花费太多经费。

（11）用户运营。用户运营的目的是留住粉丝，并且把粉丝培养成为核心用户。通过 QQ 群、微信群，维护核心用户群体，并且建立合伙人机制，让这些核心粉丝成为产品合伙人。

（12）数据分析。新浪平台本身的分析功能就很强大，可以通过后台数据分析用户年龄、城市分布，页面流量（PV）、独立访客量（UV）走势等。可以通过制作表格，利用数据走势，分析企业微博用户活跃高峰的时间段、用户阅读喜好等，根据数据不断优化微博运营。

三、怎么发微博才能提高阅读量

大家都知道阅读量对于博主的必要性和重要性，采取有针对性的措施，逐步提高阅读量，有利于我们更好地运营微博、传递理念、推广品牌。影响微博阅读量的因素有很多，比如自身的粉丝和粉丝的粉丝，粉丝的活跃程度、互动频次，以及微博质量，等等。

阅读量与粉丝数呈正相关。粉丝量越大，微博的阅读量往往越高，这也是大 V 之所以影响力大的主要原因。在原创不足的发展阶段，要多与博主互动。运营微博可谓是群口相声，切忌关门闭户自娱自乐。内容是阅读量的内生动力。保证微博内容的时效性和可读性，才能触发粉丝传播；紧盯大 V 的微博，留下自己观点，也许有意想不到的收获。

了解了影响微博阅读量的主要因素，我们就可以从以下几个方面入手，有针对性地提高博文的阅读量。

（1）增长粉丝。要想提高阅读量，我们首先得有很多粉丝。微博"头条文章"这个产品针对新注册的、粉丝在 2 万以下的微博账号，有个涨粉的扶持政策，可以将微博"头条文章"设置成关注账号后才能查看全文。

我们可以从其他平台，比如今日头条搬运粉丝。今日头条有推荐机制，我们可以搜几篇自己所在领域的文章，然后再刷推荐页面，系统会根据我们的阅读情况，推荐更多算法所认为的高质量文章，我们多点开适合自己领域的文章，喂养算法程序，系统算法会推荐更精准的文章给我们。然后，我们把这些文章直接搬运到微博，用"头条文章"发布，吸引粉丝阅读。

（2）利用几何级传播链条。这是微博产品最重要的传播渠道，这个渠道传播的逻辑很简单，就是我们的内容要能引起其他用户的转发，增加粉丝转发的二次阅读，及粉丝的粉丝阅读。这条几何级传播的链条分三种情况。第一种是引起大规模几何级传播。不过，微博有风控机制，短时间几何级传播超过一定量级会启动风控，防止服务器宕机或舆论失控。第二种是正常衰减式传播。一条内容质量是微博整体平均水平的文章，它的传播是一个逐渐衰减的过程。第三种仅仅是点对点传播，即微博没有被转发，只是被粉丝看到。

内容为王时代，博文要想通过几何级传播链条提高阅读量，就要学习那些高转发量微博的撰写技巧。

（3）蹭热点。博文关键词要与热搜词或热门话题词匹配，也就是蹭热点。蹭热点可以有效提高粉丝的阅读量。微博运营者要有蹭热点的思维，就是根据热搜词、热门话题词撰写内容，写满 140 个字，系统就会判定你的内容为原创内容并优先展示在信息流的靠前位置。即使系统不推荐，热搜词集纳页面也已经有了足够多的流量涌入，每一条微博都有被展示的机会，每一条微博都能分享这个页面的流量红利。

（4）偶然性阅读。偶尔有网友阅读我们的博文，很可能是被我们的头像、昵称以及微博内容所吸引，从而关注我们，成为粉丝。昵称、简介以及优质的原创内容，都是吸引网友关注的重要因素。

（5）微博故事。微博故事是微博对标抖音的一个战略性产品，目前认证微博故事红人的门槛也比较低，微博官方在重点推荐。短视频天然具有吸粉的特质，在微博故事视频上发力，可以直接涨粉，也可以通过视频唤起其他用户对账户其他内容的兴趣，给微博带来偶然性阅读。

第二节　微博的盈利和营销

对于微博普通用户来说，它是一个娱乐社交平台，人们利用它记录生活，发表博文，宣泄自己的情绪等。但是对于专注微博的运营者来说，微博是一个赚钱平台。那么，一个成功的微博账号有哪些赚钱的方法呢？

一、4 种盈利方法

1. 做广告

Facebook 的广告收入占总收入的 60％以上，微博关联广告的盈利模式和

Facebook 的广告收入模式类似。与传统门户网站相比，社区化的微博平台有利于我们更好地了解用户，包括用户的在线行为和用户特征，从而帮助广告主更好地发现目标客户。

只要我们成功打造了一个微博 IP，有了粉丝之后，就可以利用这种方式进行变现。比如与其他领域相比，情感、电影、娱乐类的领域可以快速从平台上吸引大批泛流量，然后通过接广告、做小说、漫画分销等方式变现。

2. 做导购

通过数据分析，微博上的主要用户为 26～35 岁的女性用户，这个阶段的女性消费能力比较高，如果我们从女性用户身上赚钱，那最简单的方法就是引导她们购物。在小红书平台问世之前，微博上的"种草账号"可谓独享全网最多的女性用户流量。现在即使有了小红书平台，我们依然能从微博上获得源源不断的女性用户，通过引导她们购物获利。另外，我们还可以利用微博上的直播功能，配合自己的"种草账号"做直播导购。

3. 流量主收益

与公众号开通流量主，用户点击广告流量主获得收益的盈利模式相同，微博账号也是能开通流量主获得收益的。只要有 1 万粉丝且是经过认证的微博账号，就拥有了开通流量主的资格。微博的引流速度比公众号要快得多，比如我们只是成功运营了一次抽奖活动，就会给我们带来几万甚至几十万的新粉丝，靠着不断累积的粉丝数量，流量主可能就会带来非常高的收益。

4. 做网文

做过小说项目的运营者，应该对这种盈利模式比较熟悉，就是将小说生成长图，发布到微博上，结尾放上阅读链接，引导读者付费阅读。虽然微博规则改了很多，这种方式没有以前容易操作了，但是作为大流量群体，微博的流量还是非常的精准。

二、微博营销经典案例

在网络销售中，微博营销的地位不可小觑。通过微博运营实现完美营销效果的案例很多，下面我们分享几个典型的微博营销案例，了解这些企业如何在微博平台创造营销奇迹。

1. 洽洽世界杯营销事件

2014年的世界杯，一如既往，很多品牌都想借助这场全球影响力极大的赛事，搞一场精彩的营销活动。在众多的品牌中，洽洽瓜子成功地杀出重围，成为当时的营销黑马。

巴西是2014年世界杯的东道主，洽洽推出了"靠巴西赢大洽洽"的活动，巴西队每赢一场比赛，洽洽就会送出惊喜大奖。为了给活动造势，洽洽送出的大奖是2米高的"史上最大袋瓜子"，这样趣味十足的奖品，极大地调动了消费者的积极性。洽洽还推出了猜胜负赢大奖的活动，巧妙地将产品和"猜胜负"联系起来。消费者购买洽洽世界杯的主题产品可以获得狂欢卡，狂欢卡可以兑换瓜子币，50个瓜子币可以参加一次"猜胜负"的活动。

洽洽除了在活动内容上别出心裁，在海报上也是创意十足。洽洽推出的"洽洽扒西队"活动为网友们提供一个讨论世界杯的话题，并在世界杯期间每天推出一张漫画海报宣传赛场趣闻。世界杯期间，洽洽借助微信和微博，先推出搞笑海报进行预热和造势，随后发起赛事预测，通过"两微"上的巨大流量和"病毒式"传播，洽洽的营销活动成了热门话题。

2. 海尔微博营销

2017年5月15日晚，一个网友评价特浓牛奶的微博，引起大量网友及诸多知名网红博主的转发。16日上午，该微博转发破万，随后旺旺集团旺仔俱乐部转发微博并进行抽奖。16日下午，海尔官方微博发布了一条送10箱旺仔牛奶的微博，截至19日，该条微博阅读量已经突破216万。据分析，转发层超过6级，呈现多中心放射状分布。

每箱旺仔牛奶60元，10箱牛奶加上邮费也就是700元左右，海尔官方微博以极低的成本，换来了216万阅读量。同时，旺仔天猫店特浓牛奶上线1小时就有1500份被抢购一空，旺仔牛奶条装上线6小时有5000份被抢购一空，17日上架的特浓牛奶礼盒装，4小时有5800份被抢购一空，后来只剩下预售，达到了实际营销额加预售额约50万元的转化！

海尔新媒体被网友评为"80万蓝V总教头"，其实，海尔官方微博的很多热点都来源于其他微博信息。海尔官方微博作为旺仔牛奶微博营销的主力，充分发挥了自己巨大的号召力和影响力，巧妙地抓住了旺仔这个热点，迅速引爆，向行业展示了其对热点的精准把握和优秀的资源整合能力。

海尔还大张旗鼓地买广告位，除了公众号的各种资源，还搭上了微博账号"海尔兄弟"的"微博小尾巴"作为广告位，向各类手机品牌招租。粉丝们不仅不反感，还纷纷拍手叫好，积极@各种手机品牌官方微博。之后，不少营销号开始利用"微博小尾巴"作为新的广告方式。

3. 支付宝锦鲤抽奖

微博抽奖是微博品牌进行吸粉和推广的重要手段，这种简单粗暴的方式深受网友欢迎。支付宝的锦鲤抽奖曾经引起微博上的舆论轰动，在抽奖微博发布短短6小时之后就获得了百万转发量。

支付宝的抽奖没有预热，2018年国庆前一天发出微博，就因为奖品非常诱人，迅速引起微博用户们的疯狂转发。在关于抽奖的第一条微博中，支付宝并没有透露具体的奖品，而是让大家关注评论区。在评论区中出现了很多不同领域的大品牌，吊足了网友的胃口。1小时后，支付宝终于发布新微博，公开了详细的奖品内容，奖品清单涵盖国庆期间的吃喝住行，面面俱到，价值不菲，让网友们惊叹不已。由于豪华大奖的存在，让支付宝的这条微博赢得了空前的阅读量和转发量，迅速成为热门话题。同时，这么多的大奖，中奖的人却只有一个，极低的中奖率也进一步增添了话题性。

支付宝本身具有的实力和流量，再加上多个品牌方联动的推波助澜，引发了微博用户的关注和积极参与，从而令这一活动获得了罕见的高热度。而借助这浩大的宣传声势，支付宝及其联合品牌也赚足了曝光度。

支付宝抽"锦鲤"这种带传播度的话题，蹭上了国庆节的热度，在前期造势上就获得了不错的效果，而丰富的奖品和参与的诸多品牌是其中最大的诱惑点。即使中奖概率极低，但参与方式简单，只需要转发评论，很多网友都乐于尝试，由此带来了巨大的传播效果。

第三节　如何打造网红微博文案

一、微博文案和微信文案的区别

文案的本质是相同的，都是通过文字来表现创意，从而达到企业或个人价值推广的目的，从而实现目标性转化，创作文案是销售技能的一种表现。

微博文案和微信文案都属于文案的范畴，创作者在下笔前，都需要研究阅读者的心态、喜好，创造能与读者产生共鸣、吸引读者注意、容易被读者接受，并且能激发读者转发和谈论的文案。从这个层面上来讲，微博文案和微信文案的创作核心没有区别，都是抓住读者的核心需求进行内容创作。

然而，因为微信和微博的平台属性不同，具体到文案创作的实操阶段，微博文案和微信文案在表现方式上，还是有所区别的。

1. 曝光形式不同

微博是一种门户站点的变体，消费者普遍处于阅读状态，所谓的转发等，其实和门户文章评论留言没有什么区别，只是变得更加方便和移动化了。我们创作的微博文案，无论有无转载，理论上所有人一定都可以看到，因为它是开放的状态，阅读不会受到限制。

微信内容则更注重的是个人阅读以及朋友圈转发，也就是说这些内容即使被转发，也不会被所有人看到，而仅仅是被一个小圈子的好友看到。

2. 转发影响不同

在微博上，我们随手转发一个淘宝新品的帖子，可以说也没什么压力，根本不用担心会因为这个转发而掉粉。在微信朋友圈，我们要转发这样一个购物帖子，可能就会考虑掉粉的问题，因为转发者觉得这个新品比较好，但是好友看到了可能会误认为是推销或做代购，有可能对此产生反感。

微博可以说是一个用来浏览的弱关系平台，博主一次小的转发行为不会对好友带来明显的影响。微信除了分享还有直接联系、了解小圈子动态的作用，因为微信好友数量少，朋友圈转发内容总量不高，微信号号主一次不良转发使好友的反感程度可能会更高。

3. 内容侧重点不同

微博是以新闻、事件、热点为导向的快速信息流产品，针对新闻、事件、热点的内容创作比较符合微博的特性。微信也可以蹭热点话题，它同时还适合实用性内容文章的传播，特别是对某些特定群体有帮助的内容，也会在特定的圈子引起转发。

另外，根据文案转发带来的影响不同，微博文案创作，要考虑微博的小信息流快速运转在弱关系链条中的传播特性；微信文案创作，则是为有差异化价值的信息在强关系链条中流转做准备。

二、微博文案写作技巧

有微博运营者针对 100 个用户做了一项调查：读完 30 条微博需要多少时间？

调查结果显示，100 个用户读完 30 条微博的平均时间是 1 分钟，平均阅读一条微博的时间只有 2 秒钟。也就是说，用户针对微博这个渠道的"有效阅读时间"只有 2 秒，按照人们正常的阅读速度，2 秒钟只能看 10 个字。

如果用户在有效阅读字数之内，没有找到他感兴趣的内容，那么用户可能就会跳过这条微博。所以，我们写微博的时候，要考虑用户的阅读习惯，运用一些写作技巧，吸引用户的注意，让用户能够把看下一条微博的时间省出来，阅读我们的微博文案。

1. 直接写出目标用户和推广产品

比如我们要推广一款适合宝妈在带孩子之余学习写作的课，那么这条微博就可以这样开头："专为宝妈打造的写作课"，直接让用户明白，这条微博文案和用户的关系。

2. 直接写出用户的诉求

创意就是目标用户更容易接受文案的方式，比如目标用户是宝妈，那么我们就要了解宝妈渴望经济独立这个诉求，接下来就要提到这门写作课会让宝妈在带孩子之余通过写作赚钱。如果文案推广的产品是宾利汽车，那么就要从用户需要 VIP 服务，买机票要头等舱，只买最贵的这个角度切入了。

3. 关注文案细节

为提高被转发的概率，每条微博应该包括三要素："一个@"，一条微博至少提到一个微博用户以确保至少有一个人会读它，幸运的话他会和粉丝分享；"一个话题"，确定一个话题使得你的微博更容易被搜索到，这样可以提高微博被粉丝之外的人看到的概率；"一个链接"，无论分享照片、视频还是文章，链接是你将有用内容分享给粉丝的途径。互联网营销专家研究表明，通常情况下，带链接微博比不带链接的转发率高 3 倍。

4. 提高文案设计的美感

提高文案设计的美感，也是吸引用户注意的好办法，尤其是我们推广的是比较高端的产品时，更需要利用图片，彰显推广产品的档次。比如，我们推广的是一款男士手表，如果我们写陀飞轮、万年历的原理，那不一定能吸引用户的注意，大部分男士只看手表的"长相"，微博文案配个好看的图片，关注量可能就会快速上涨。

5. 根据粉丝数量写文案

微博粉丝在 100 以下时，文案核心内容应该是产品的核心卖点。我们需要将产品的价值提炼出来表明这是什么产品，可以为谁带来什么好处。比如我们要推广一款网络英语课程，那我们的微博文案就可以这么写：为外企人士打造的口语课，轻松与外企同事交流，获得更多的升迁机会。

当微博有较多用户的时候，需要找到最核心的用户，针对核心用户的需求制作内容并进行数据测试。比如，我们要给一个卖干果的零食店写文案，根据销量细分，我们发现开心果和瓜子的销量比较好，那我们就可以针对开心果和瓜子进行宣传。

当微博粉丝已经到 100 万的时候，此时的用户类型有很多，需要根据用户数据做一个分类。先满足每一类人群的垂直需求，再满足他们的细分需求。

第八章
短视频营销文案，文案变现流量红利正当前

第一节　短视频营销发展趋势

无论在广告投放还是电子商务方面，短视频营销已经逐渐展现出其强劲的诱惑力。未来，短视频营销的发展趋势如何？短视频行业又将面临怎样的机遇和挑战？

（1）短视频市场规模仍将维持高速增长。某专业分析师认为，当前短视频行业仍处在商业化道路探索初期，行业价值有待进一步挖掘。随着短视频平台更加规范、视频内容质量逐渐提高，短视频与各行业将会进行深度融合，市场规模也将维持高速增长态势。

（2）多频道网络（MCN）机构竞争加剧。短视频行业发展趋于成熟，平台补贴逐渐缩减，MCN机构的准入门槛及生存门槛都将提高，机构在抢夺资源方面的竞争日益加剧。通过场景化、垂直化的内容进行差异化竞争，将是MCN机构的主要策略。

（3）跨界整合是常态。随着短视频营销在原生内容和表现形式方面的创新和突破，跨界整合也将成为常态。当前，短视频与美食、旅游等内容的结合，已经在用户群中逐渐渗透。未来，随着产业链上下游对垂直领域的关注，用户和内容创作的垂直化与短视频的跨界整合会相互促进，更多"短视频＋"将会普及。

（4）新兴技术助力短视频。5G网络商用会给短视频行业带来强动力，可降低平台运营成本，提升用户体验，加速推进行业发展。在5G网络的加持下，用户对短视频的互动体验将更加丰富，短视频的传播性也将得到有效提升。

（5）大数据在短视频行业应用加深。短视频运营方可以不断采集用户数据和相关信息，了解用户的观看行为和内容选择，追踪用户的使用情况，完成大数据沉淀。

短视频运营方在基于对用户大数据分析的情况下，不仅能做到精准推送用户喜欢的短视频内容，还能帮助视频上传者找到喜欢他们内容的用户，增强短视频的有效播放率和用户黏性。此外，通过大数据资产的连接，还可以很好地实现商业信息与"终端"和"应用"的关联，最大限度地开发商业价值。

（6）行业标准不断完善。行业乱象频发凸显了短视频平台在发展过程中存在的缺陷和不足，规范短视频内容成为行业不得不面对的问题。2019年初，中国网络视听节目服务协会发布了《网络短视频平台管理规范》和《网络短视频内容审核标准细则》，进一步明确了短视频的内容传播要求。各大平台开始对违规账号和违规内容进行处理，从政策、法规到平台自身，都已经开始重视短视频内容的规范问题。

随着央视、人民日报等主流媒体进入短视频领域，在较为规范和严格的内容创作要求下，主流媒体必将引导整个短视频行业进入规范化的时代。

从社会大环境到政策法规再到平台自身，无论从哪个层面来说，未来短视频行业必然会越来越规范。

（7）打响海外攻坚战。相较于国内一片红海的景象，国外的行业发展仍是一片蓝海，未来发展潜力巨大。抖音海外版TikTok上线三个月就登上App Store免费榜榜首，快手在泰国、韩国、俄罗斯等国家发布海外产品Kwai，短视频巨头都开始布局海外市场。

在抖音与快手完成海外市场的初步布局后，其他平台也必然会持续跟进，海外市场将会成为短视频全新的战场。

第二节　短视频的变现方式

短视频运营的最终目的是实现商业变现。短视频变现的主流方式，大概可以分为以下几种。

1. 广告收益

打广告是比较直观的变现方式，这种变现的优点是收益以流量为基础，产品的流量越大，广告的收益也越高。广告变现需要考虑到广告质量、广告主品牌、受众契合度等，要注意避免伤害用户利益，避免让用户受到不良广告的影响。比如，商品或者广告主品牌出现负面消息，就会极大破坏产品的口碑，容易对产品造成不可逆转的负面影响。

2. 电商变现

电商变现，应选择具有自身特色和明显优势的产品，以提升竞争力。比如抖音短视频带火了不少产品，如小猪佩奇手表、兔子耳朵等；也有服装、美妆达人在抖音上为自己的店铺引流，抖音平台已经为部分抖音达人开放了直达淘宝的功能，如图 8-1 所示。

那么，什么样的短视频内容适合做电商？从内容特性上来看，测评类内容的受众有着较强的消费目的，而休闲类内容的用户在决策时没有那么严格的参考标准。

垂直类里轻资产的测评内容，都可以选择用电商变现的方式，比如时尚、美妆、生活、科技类。其中美妆的目的性最强，目前很多美妆达人都拥有自己的店铺，知名度较高的如张沫凡、俊平大魔王等已推出了自己的品牌。休闲类内容可以拓展的领域有娱乐、美食、影剧评等，适用于休闲场景的零食、好物、日用品、小家电都可以是选择对象。比如，微博上以生活方式为主题的"Bigger 研究所"的热销产品是便携式小火锅、红油豆皮这类方便食品，该账号还收获了众多粉丝。

图 8-1 抖音的直达淘宝功能

3. 个人 IP 变现

在达人的影响力下创立品牌，品牌名称就是 IP 名称，以达人形象为品牌背书，粉丝通过短视频内容被达人的个人魅力所吸引，完成转化，成为用户。只要 IP 能够打动人心，就会产生巨大的号召力。比如，素有"仙女"之称的李子柒，店铺上线首周销售额破了千万元。

对于短视频而言，可以通过以下两种方式实现 IP 变现。一是直播。很多短视频平台向用户提供展示短视频功能的同时，还提供了直播功能，这是为高人气的 IP 提供了变现的平台，主播可以通过接收粉丝送的礼物实现变现。二是 MCN。MCN 模式是一种多频道网络的产品形态，基于资本的支持，生产专业化的内容，保障变现的稳定性。单纯的个人创作很难形成有力的竞争优势，加入 MCN 机构可以大大提升短视频内容的质量。

4. 知识付费

知识付费与短视频的结合，是短视频变现的一种新思路。知识付费与短视频的结合是一种新突破，既可以让知识的价值得到体现，又可使短视频成功变现。

通过知识付费变现的优势如下：知识付费变现的收入比较稳定，因为知识付费的人群十分稳定，而且由于高质量内容的不断沉淀和积累，用户往往也愿意继续支付费用，在收入方面具有长尾效应；知识付费用户的留存性和黏性更高，在信息泛滥的时代，付费资讯往往比免费资讯更优质。

从内容上，付费变现可以分为两种类型。一是细分专业咨询，这是知识付费比较垂直的一个领域，它的针对性强，收费或许会相对容易。二是在线课程教授，具有精准的指向性和知识属性，它的收费过程相对难以实施。

第三节　优质短视频的运营技巧

短视频是用极其短暂的时间以视频的形式表达可以传播的内容。目前的短视频基本上分为 UGC 和 PGC 模式，UGC 主要是视频平台用户生成的内容，PGC 则是专业视频团队制作的视频内容。

短视频运营是新兴行业，它属于新媒体运营或互联网运营系统的分支，是利用抖音、微视、火山、快手等短视频平台，进行产品推广、企业营销等活动。我们通过规划与品牌相关的高质量、高传播量的视频内容，向客户传播新闻，提高知名度，从而充分利用粉丝经济达到营销目的。

短视频运营，可以分为两种类型。一种是将短视频内容作为一个独立的产品来对待，短视频运营所服务的就是短视频内容团队，以及想要做运营的短视频内容产品。运营目的是为了让短视频内容产品提高用户触达率、用户参与度，提升短视频内容 IP 本身的知名度，从而为短视频内容产品获取和沉淀线上的用户量，完成品牌价值、用户以及市场占有率的三重增长。另一种则是与品牌合作的短视频运营，其运营对象是一个附加和重叠的内容产品，团队要自己生产内容，还要将品牌主和合作方的运营需求叠加上去。制定运营策略时，要在双方的需求之间找到一个平衡点，才能获得比较理想的运营效果。

目前，"两微一抖"是企业在新媒体领域公认首选的沉淀用户的平台，这些平台给企业产品提供和用户直接交流的机会。企业和产品也可以通过新媒体平台，将用户导流和沉淀到自己的官网和 App，形成自己真正的流量和用户。短视频运营的真正价值，就是帮助内容团队实现真正的获客和用户留存，实现稳定变现。

一、短视频内容运营

在传统节目制作方面，内容运营可以被理解为内容策划和制作。短视频内容运营，是在保证内容策划、制作的基础上，帮助短视频内容产品大幅度提升用户触达率、打开率、美誉度以及互动度等。简单地说，短视频内容运营就是运营者通过各种途径，提供用户喜欢的短视频内容。

1. 短视频内容具备的基本要素

短视频内容产品的核心是内容，一个完整的短视频往往包含 10 大要素。

① 视频：视频结构要紧凑，情节上要有冲突与反转，要引发讨论。

② 封面和字幕：封面图片和文字设置要风格统一，用户打开主页后有整齐划一的感觉。

③ 配乐和原声：使用热门元素，原声标签也是一个重要的流量入口。

④ 标签：热门标签是重要的流量入口。

⑤ 视频简介文字：它可以引发评论、点赞、互动、转发，还可以@某个特定的账号，做账号联动。

⑥ 同框拍摄：允许别人跟我拍同框，这是个独有的流量入口，有转发和展现的功能。

⑦ 地址定位：地点本身也是流量入口和流量池。不同的发布地点，启动播放量不同，有的网红地标自带大量的流量。地点展现在视频文字简介下方，

会带来身份认同和线下偶遇的情感激发。

⑧ 更新投放时间：特定的投放时间，启动播放量不一样。

⑨ 评论区互动：评论区互动、评论点赞，可以让用户第二次打开页面。

⑩ 发布后转发转载：转发朋友圈、微信群等多个自媒体平台进行二次传播，将会带来意想不到的传播效果。

2. 短视频内容的分类

视频内容满足了用户的需求，才能获得用户的流量和关注。不同类型的短视频，给用户带来的心理满足点也不同。根据用户满足点创作出来的内容，更容易获得用户的认可。

（1）信息类。信息类的短视频内容，无论是资讯、知识还是技巧，要对用户有价值，让用户觉得这些内容对自己有用。

（2）观点类。观点类的短视频想要获得用户的满足点，可以从观点评论、人生哲理、科学真知、生活感悟这四个方面来做内容。比如"情感励志"这个账号，每一集视频内容都很励志，扎心又温暖，耐人寻味，如图 8-2 所示。

（3）共鸣类。想要引起用户的共鸣，可以从价值、观念、经历、审美、身份这五个方面来满足。比如"末那大叔"，他本职是时尚作家，发布的内容是一对温情父子的日常，记录成年人的消费观、家庭观和生活方式。视频内容同时满足了用户的五种共鸣，拥有了近千万粉丝。

（4）欲望类。用户看到非常优质的内容，才会产生收藏欲和转发欲。比如"一禅小和尚"，平均每集视频能获赞 70.7 万，这在优质账号云集的抖音中并不算突出，但是平均每集 13.3 万的分享数却远超其他账号。

此外，还可以通过美食视频，满足用户的食欲。比如粉丝 475.5 万人的美食视频号"记录生活的蛋黄派"，以及粉丝 552.6 万人的美食视频号"绵羊料理"，其作品大多为美食测评和美食挑战的形式，满足了用户对食物的欲望。

（5）好奇类。世人皆有好奇之心，视频内容满足用户的好奇心，也会吸引粉丝关注。比如"歪果仁研究学会"这个账号，以短视频的形式讲述外国人在中国生活的故事，拥有近 700 万粉丝。

（6）幻想类。幻想分为爱情幻想和生活憧憬，这类视频就是满足用户对爱情和生活的想象。现实生活是"一地鸡毛"，如果短视频呈现的内容能满足人

图 8-2　"情感励志"账号

们的想象，就会吸引用户关注。比如"山村小杰"这个账号，记录的是一对住在山村的幸福小两口，男主人小杰是个既孝顺又疼老婆的好男人，他给父母创造过节的氛围，给女朋友做饭、做婚纱、做秋千、做化妆品……这类视频满足了用户对美好爱情和幸福生活的幻想和憧憬。

（7）感官类。用户从短视频上获取的感官满足主要是听觉刺激和视觉刺激，高颜值的小哥哥、小姐姐唱歌会很容易得到用户关注，是因为满足了用户感官上的需求。比如"冯提莫"和"摩登兄弟"，他们拥有千万粉丝，颜值高、

唱歌好听，因为粉丝的认可，已经是抖音官方认证的歌手，并且成功踏入娱乐圈。短视频内容有很多分类，运营者需要坚持内容的垂直度，这样才不会降低账号权重，还能保障用户群体更加精准。

3. 短视频内容运营路径

通常情况下，内容流转主要分为三个阶段：内容供给、质量控制和内容推荐。产品所处的阶段不同，内容运营的侧重点也是不同的。

产品刚上线时的核心目标是快速找到用户喜欢的内容。找到用户喜欢的内容的方法有很多，运营者可以凭自己的经验，也可以参照竞品。

利用测试的办法找到用户喜欢的内容，是一种比较常见的办法。在产品上线早期，我们就可以开始测试了，可以圈定一个大概的内容范围，然后通过投放广告素材，就能圈定哪种内容比较受用户欢迎。我们可以在内容供给阶段，引入待测试的内容种类，然后在质量控制阶段保证进入内容推荐的数量。通过一周左右的测试，将这批内容的数据单提炼出来，和整体视频的均值做比较。如果是超过整体均值，这类测试内容就是用户喜欢的，可以再调整引入的数量。

提升内容量阶段。找到了用户喜欢的内容后，通常情况下用户整体的数据都会有明显提升，整体用户量可能在很短的时间内进入新的量级。这个时候，用户运营所面临的问题就是如何快速提升内容量。

内容供给的渠道主要有普通用户上传、官方自己制作和签约的生产者上传。前期探索用户喜欢的内容，基本都是通过自己制作或者签约生产者来完成的。到了需要重点提升内容质量的阶段，需要依靠普通用户生产，这也是短视频社区能够成立的关键一环。

我们可以从以下几个方面入手，刺激普通用户生产内容。我们要明确告诉用户，我们需要什么样的内容，要让用户明白，生产我们需要的内容就会得到推荐，否则一概不给推荐。对于用户的生产激励，除了金钱激励，我们还可以通过一些运营活动，比如定期的主题内容活动，可设置活动奖品激励用户参与和上传视频。运营者可以邀请优秀的生产者进入社群，让他们享受到其他普通用户得不到的额外奖励，他们会成为产品最核心的用户，保证社区的内容供给。

4. 避开内容运营误区

短视频运营要想见成效，就要避开一些运营误区。一是一稿多用，这指的是我们做出短视频之后，不加修改地进行多平台发布。每个渠道的产品逻辑都不同，这样的做法是不可取的。比如，你在梨视频发表的资讯类短视频，发在以快手为代表的社交类平台，效果可能就会大打折扣。我们发布短视频，一定要根据平台的特点进行针对性的投放。二是忽视互动，把内容发布作为运营终点，然后坐等流量上门，这种做法也是不可取的。单向传播的短视频虽可凭借优质的内容瞬间爆发，但持续性却相对较弱，难以成为爆款。短视频发布后，很多活跃用户会给我们评论、留言，及时有效的互动有助于吸引用户的关注，而且渠道方也希望创作者可以带动平台的用户活跃起来。三是硬追热点，蹭热点在新媒体运营中是值得鼓励的，但是要把握好度，内容上不能超出自己的领域。如果热点与自己的领域和创作风格不统一，蹭热点的效果可能适得其反。我们要把短视频运营当成一种常态化的工作，持续输出内容，持续增加影响力，坚持下去就会累积成巨大的营销价值。

二、短视频渠道运营

短视频渠道就是短视频的流通线路，渠道是个阵地，选择什么样的渠道，直接决定短视频运营的打开方式是否正确。短视频渠道运营，简单地说，就是通过渠道的选择和管理，实现收益最大化。

1. 渠道分类

通常情况下，渠道可以分为三种：推荐渠道、粉丝渠道和视频渠道。在此基础上，我们细分为以下六种渠道。

（1）在线视频渠道。在线视频渠道播放量主要通过搜索和小编推荐来获得。比如搜狐视频、爱奇艺、腾讯视频、爆米花等平台，如果能获得很好的推荐位置，那么视频的播放量一定会有显著的提升。

（2）资讯客户端渠道。资讯客户端渠道大多通过平台的推荐算法来获得视频的播放量。比如，今日头条、一点资讯、网易新闻客户端、UC浏览器等都

是用这种推荐算法机制，将视频打上多个标签并推荐给相应的用户群体，目前这种推荐机制被应用在很多平台。

（3）社交平台。社交平台主要有微信、微博、QQ。社交平台是人们社交的工具，社交渠道是短视频的重要渠道。社交渠道除了传播，更是一个强大的基地，是我们连接粉丝、连接广告主、连接商务合作的通道。

（4）短视频渠道。一些短视频渠道起始于直播平台，从2014年开始，很多人意识到短视频比直播更有发展前景，越来越多短视频平台开始出现在大众的视野。相信短视频渠道的纷争还会持续一段时间，这将是短视频创作者的最佳时机。

（5）垂直类渠道。在垂直渠道领域，目前冲在最前面的是电商平台，如淘宝、蘑菇街、什么值得买等。电商平台通过短视频，可以帮助用户更全面地了解商品，从而促进用户产生购买行为。相信未来还会出现更多垂直的短视频平台，比如"教育＋短视频""旅游＋短视频"等。

（6）小视频渠道。快手上线以后，让今日头条这样的行业巨头感受到了压力，接连上线了抖音小视频与火山小视频两款产品，并放出了补贴绝招。小视频和短视频相比，在视频内容、平台算法方面都存在差异，面对这个同样庞大的流量池，短视频创作者有必要做一些尝试。

2. 怎样选择合适的渠道

运营者选择渠道时，首先要考虑自身的属性。比如你只是一个生产者，就是想让更多人看到自己拍摄的视频，那么就可以在微博上传视频，因为微博属于社交平台，更具有传播性。如果你想组建团队创业，或者你已经拥有一个团队，想做养生类、宠物类等节目，这时就需要在今日头条上传视频，因为前期没有用户，今日头条的推荐机制会给你带来一定的播放量。

要了解平台属性和规则。每个平台都有各自的属性及特点，包括其受众也是，比如今日头条用户男性受众会多一些，比较适合一些科技类、汽车类栏目。而B站这类游戏用户聚集比较多的平台，较适合游戏电竞类栏目。选择渠道前，我们要全面了解各平台的调性与用户特点，看与自己的目标用户是否吻合。

自身属性和平台属性要保持调性一致。调性一致的内容，平台会更加欢迎，但渠道不同规则就不同，我们要自我调整，使自己的作品更加符合平台的要求。比如美拍有时长和视频大小的限制，抖音则是要求视频长度在 15 秒左右，且不能有其他平台的水印，根据平台规则要求，我们就要对作品进行剪辑调整。

（1）获取渠道资源。在很多平台获得一个好的推荐位至关重要，比如今日头条，没有推荐就等于没有流量。随着越来越多的创作者入驻各个平台，平台的规则越来越严格，要想快速度过平台的新手期，在试运营期获得分成，就要在运营中获取相应的资源，可以联系渠道，比如绿色通道，给自己的栏目一个好的推荐位等。

（2）短视频推广目的。如果视频推广是为了获得粉丝，那么在美拍上传视频就是不错的选择，因为美拍的粉丝数对视频的播放量影响很大。如果视频推广是为了获得更大的品牌影响力，就可以选择多平台分发，选择今日头条、爱奇艺、腾讯等这些被人们熟知的大平台，曝光率高，这样品牌被推出去的机会就更大一些。如果视频推广是为了获得更多的播放量，那么就可以选择全渠道推广自己的视频。

（3）短视频渠道特点。我们要了解短视频渠道的特点，然后根据渠道的特点推广自己的视频。比如搜狐视频，其播放量主要通过搜索和小编推荐来获得，那么我们为了得到推荐，获取更多的流量，可能就要和小编搞好关系。比如，今日头条播放量主要通过系统推荐来获得，那么给标题打标签就比较重要；美拍的粉丝数量对于视频播放量影响比较大，那么我们就需要经常和粉丝互动，维护粉丝关系。

了解渠道特点之后，还要了解渠道的用户群体特点。比如腾讯视频、爱奇艺和今日头条的用户年龄集中在 20～40 岁，其中男性明显多于女性。那么，我们多拍一些男性喜欢的视频，可能就会提高播放量。比如美拍用户偏年轻，那么一些偏向搞笑的内容可能就会比较受欢迎。所以，在选择渠道的时候，也要充分考虑渠道用户的特点。

（4）推广的方法。推广初期，要考虑如何获得第一批用户。这时，我们首先要坚持视频日更新，这样才能使用户养成习惯。

我们可以多渠道进行分发，增加节目的曝光度，比如加入一些兴趣群，在群里分享视频提高知名度，也可以在贴吧、知乎等进行回答，顺便推荐自己的栏目，达到宣传的效果。还可以蹭热度和热点为自己增加关注度，吸引一些粉丝。

推广增长期，属于发展上升期，这时候需要做的就是对现有用户的维护，然后不断积累用户，才能达到增长的状态。

我们要和用户做好互动，可以在评论区与用户进行互动。我们回复用户的留言，让他们感觉到被重视，这样可能就会让用户养成习惯，慢慢留住用户。甚至，用户还会转发，去吸引另外一批用户关注你的东西。另外就是引导互动，比如我们在栏目里提出问题，引发用户讨论，这样就是引导大家进行互动，进而把用户转化成粉丝。我们还可以与其他的自媒体人进行合作，相互带量。但是我们在互推时，需要注意粉丝画像要相近，比如我们做的栏目是面向妈妈群体的，那么找做游戏的栏目合作就不合适了，因为游戏栏目用户更倾向于男性。

推广稳定期，用户增长基本稳定，这时候就需要注重运营的细节。比如，今日头条是推荐机制，标题对于栏目来说就非常重要。我们取标题时就要多用些心思，标题要简洁明了，多用数字、设疑问、蹭热点等。我们在运营美拍的渠道时，可能就需要用漂亮的图片做头图，多参与美拍组织的话题活动，这样就能让更多的粉丝看到我们的视频，增加曝光度。

栏目到了稳定期，也可以多做一些活动。活动做得比较好的话，可能就会促进粉丝用户参与或转发活动。比如新世相的"逃离北上广"活动，几乎刷屏了朋友圈，自然就会为栏目带来新的用户群体。

三、短视频用户运营

短视频内容制作传播的目的，就是为了获取用户的关注，抓住用户的注意力。所以，用户运营可以简单理解为和用户产生深度交互，提升用户活跃度、用户黏性，让用户可以长期持久地对内容产品产生关注和兴趣。

短视频内容产品是打开用户运营的开端，随后，运营者可以通过聊天、音频、H5活动等多种新媒体形式，再与用户建立关系。用户运营最基础的就是对评论区、弹幕区的管理，回答用户的留言问题，为用户提供更多一对一的、具有个性化的服务。

广义来说，围绕用户展开的人工干预都可以被称为用户运营。用户运营的核心目标主要包括以下四个部分。一是拉新，拉动新用户，扩大用户规模，这是用户运营的基础。用户的需求一直在发生变化，内容需要更新迭代来保持活力，只有不断拉新，才能形成良性循环。二是留存，这是指防止用户流失，提升留存率。留存是拉新之后的工作重点，我们通过各种途径拉来新用户以后，如果新用户没有找到感兴趣的内容，或者后续推出的内容无法吸引这部分用户，都会造成用户流失。三是促活，指促进用户活跃，提升用户活跃度。留存率稳定后，工作重点要倾向于做好用户促活，提升用户黏性以及互动度。四是转化，把用户转化为最终的消费者，将流量转化为营收才是运营者的最终目的。

随着内容产品的不断发展更迭，不同阶段用户运营的侧重点不同。比如，在内容产品的起步期，用户运营的重点工作是拉新；当用户达到一定规模时，工作侧重点就要倾向于促活和转化。我们根据内容产品的生命周期，可以将用户运营工作分为以下三个阶段。

（1）起步初期。内容产品萌芽阶段，用户运营的主要工作就是拉新。培养第一批核心用户，我们可以分为三个步骤去进行：寻找潜在目标用户、筛选过滤目标用户、培养用户忠诚度。

具体的拉新方法，我们可以从以下几个方面入手。一是以老带新，这是内容产品处在初期最有效的拉新方式之一，即通过已有的大号协助推广，把粉丝引流到新的账号。二是蹭热点，这不仅可以有效节约运营成本，而且可以提高内容成为爆款的概率。尤其是平台官方推出的热点话题，再加上一些短视频平台算法推荐机制的加持，只要抓住时机蹭热点，就比较容易完成流量的原始积累。三是合作推广，在资金允许的前提下，寻求大号合作推广，或利用人脉圈子的资源，带动新账号的成长，这也是拉新的常见手段。

第一批用户进来后，会有部分用户流失，这就是对用户筛选过滤的过程。要想提高用户的存留率，我们就要提供与用户需求相匹配的内容。比如，我们可以借助数据工具研究这批用户的画像，如果用户画像与预想一致，说明内容和用户需求的匹配度较高，内容大方向不需要做调整。否则，就应该思考是否需要调整内容大方向，或进行新一轮拉新；过滤匹配完成后，就要突出自身优势，逐渐建立口碑培养用户忠实度。

（2）成长期。内容产品的成长期，运营工作重点要解决增长模式和用户活跃度的问题。具体工作我们可以分为三部分：拓宽用户增长渠道、加强内容质量把控、提升活跃度。

拓宽用户增长渠道，我们可以增加内容分发渠道，从而覆盖更多潜在用户。还有一种办法就是打造内容矩阵，发挥各个账号之间的辐射作用，建立科学的用户增长机制。提升内容质量是提升留存率的根本手段，我们可以通过数据反馈对内容进行定向优化，源源不断地产出好内容。活跃度高、黏性强的用户，更容易转化为消费者。我们可以通过在内容中添加互动环节，加深用户对内容的印象，提升用户活跃度。另外，通过活动促活也是个有效的办法；将用户沉淀到社交平台，通过社群促活也是提升活跃度的有效办法。

（3）成熟期。随着内容产品逐渐成熟，就可以考虑商业变现的问题了。在成熟期阶段，用户运营的工作重点就是将用户转化为消费者，并及时收集用户对商业化行为的反应。如果还没有取得用户信任就频繁做出商业化行为，用户和内容之间建立起来的信任感会被摧毁。

行业竞争激烈，用户注意力越来越稀缺，在这样的行业环境中，我们要在内容产品的不同发展阶段，根据实际情况不断调整运营重点，才有可能在激烈的竞争中走得更远。

第四节　短视频文案的创作技巧

在短视频平台，要想吸引更多的粉丝，收获更多的点赞或者评论，我们就需要创作优质的文案。尤其在推荐算法机制中，用户每天都会收到数以万计的标签化推荐信息，短视频在信息洪流中要想脱颖而出获取播放量，文案显得尤为重要。

一、根据标题的核心作用写文案

短视频标题文案的重要性不言而喻，因为标题文案直接决定了用户是否被吸引并点开视频，以及看完之后是否要留言和作者进行互动。可以说，标题起得好，获得的点击量就大，更容易获得平台的推荐。

简单地说，短视频标题文案有两个核心作用：吸引用户点击视频、获得平台更多精准推荐。

写文案标题前，我们需要考虑一下，写标题文案的核心目的是什么。目的不同，写标题文案的方法也有所不同。

1. 吸引用户打开视频

写标题时，除了简单的叙事，概括视频的主要内容，还可以在标题中设置提问或反问，或其他有诱导信息的语句，引导用户留言、点赞或与作者互动。

简单叙事。这种类型的标题通过一段比较完整的描述，来帮助用户降低对视频的理解难度，阅读文字就能了解视频表达的主要内容。

设置悬念。在标题中留下悬念，激发用户的好奇心，让用户在猜疑、揣测中对视频接下来的内容产生期待。这种类型的标题可以吸引用户看完视频内容，提高视频播放完成度。如果视频效果满足了用户的期待，往往还会激发用户产生互动。

通常情况下，在标题中设置悬念，往往会用到这些词：大家都在看、应该这么玩、这几个秘密、5 分钟学会、你不知道的、我以为……结果却……、如何、怎么样、什么、为什么、难道、竟然、究竟、简直、难怪、何必等。

我们可以建立自己的标题素材库，把热门视频标题中的关键词收集积累起来，我们写标题时就可以当作参考。

刺激互动。互动标题通常是通过文案与内容的互动，提高粉丝活跃度，刺激用户点赞、评论和转发。取这种标题时，要注意以用户互动为切入点，文案也要与内容高度匹配。

唤醒情绪。简单地说，这种写标题的方法，就是打"感情牌"，就是想方设法触动用户的情绪，让用户产生共鸣。写这类标题时，可以添加一些唤醒情绪的词语，比如可以使用"感动哭了""太暖了"之类的词语。

2. 获得平台更多精准推荐

有些平台的推荐机制是"机器审核＋人工审核"，针对这些平台写标题，我们要先考虑"机器"，然后再考虑"人"。

我们写标题的时候，要根据自己定位的领域，布局一些常见的行业关键词。比如定位为护肤的账号，写标题时，就要使用护肤、美白、补水、彩妆、口红等专属领域的词语。定位为母婴的账号，在标题中就要使用宝宝、妈妈、玩具等专属领域的词语。

我们平时可以有意识地搜集自己领域的专属词语，然后用在文案标题中，这样做的目的，会让机器觉得我们的账号属于某个垂直领域的账号，然后将我们的视频推荐给对该领域感兴趣的人。这样就会得到更加精准的推荐，达到营销目的。

写这种类型的标题时，需要注意以下几个问题。避免词语覆盖人群太少，可能只有行业专家才能看懂，比如出现太专业、冷门、生僻的词语，不利于机器人识别，这样就会造成点击量少、机器人降低推荐的现象。避免缩写词，这样用户看不明白，平台机器人可能也无法识别，从而降低推荐量。避免标题字数太多，建议文案以 15～20 字为宜，最多不超过 55 个字。字数太多会影响视觉体验，不方便用户第一时间获取重要信息。另外就是，短视频展现方式类似于信息流的形式，用户对于不感兴趣的内容 1 秒就划过去了，根本来不及看标题信息。加热门话题标签、好友或者官方小助手，也可能会加大内容被曝光的机会。

需要注意的是，我们写短视频标题文案不能违反平台规定，否则，可能就会被封号。比如，抖音平台对文案的要求是不能过于夸张，如不能使用"震惊""吓死了""最高级""全世界""胆小慎入"等故意造成惊悚的词语；文案不能用演员的真名代替剧中的名字，误导用户以为是明星的花边新闻；避免文案与视频内容不符，与事实不符。

二、爆款短视频标题文案的写作套路

很多短视频运营者常常产生这样的困惑：同样都是在做短视频，很多时候，自己的视频内容并不比别人差，但是作品的点击量和播放量，就是没有别人高。这到底是什么原因呢？

要想打造爆款短视频，除了要做出优质的视频内容，当然更需要一个优质的标题文案。

根据短视频平台的推荐算法，账号作品的推送是将内容与用户兴趣相关联。平台往往是根据标题、标签、观众反馈等方面来判断，作品内容是否与用户兴趣相关。所以，作品播放量没有突破，可能是我们还没有掌握爆款短视频标题文案的写作方法。

三、爆款短视频标题文案需要具备的要素

要想写出爆款标题文案，我们可以先研究一下那些爆款视频的文案。通常情况下，爆款标题文案往往具备以下几个元素。

① 低门槛。爆款文案背后有个逻辑叫低门槛。比如，针对大众用户群体，那些老少皆宜或者广场舞大妈都能看懂的短视频，就很有可能成为爆款。因为这样的视频，用户容易接受，传播成本非常低。那么，我们想要打造爆款短视频标题文案，首先就要保证文案的阅读门槛要低，比如语言要简洁直白，让用户一看就懂。

② 产生共鸣。要想打造爆款短视频，作品内容和文案，一定要和用户粉丝产生共鸣。通常情况下，共鸣分为正向共鸣和反向共鸣，正向共鸣是获得用户的认同，认同会带来身份价值的体现；反向共鸣是没有获得用户的认同，引发用户产生争论。两者都容易引发粉丝们的热议，从而带动话题，产生爆款的概率更大。

③ 视频内容和文案相辅相成。用户的"点赞、评论、转发"是推动作品成为"爆款"的基本要素，"视频＋文案"的最终目的就是为了促使用户产生互动行为。要想打造爆款短视频，视频内容与文案要相辅相成。如果我们变成"标题党"，通过钻"算法"的空子，吸引了用户点击，视频内容却粗制滥造，没有满足用户的期待，可能就会招来用户的反感。

除了大流量主以外，对于大多数运营者来说，"爆款"可以说是可遇不可求的。运营者要用扎实的测试规避平台"雷区"，用可以复制的方法进行头脑风暴，视频和文案双管齐下，才有可能打造出"爆款"短视频。

四、抓住用户"爆点"写文案

很多时候，我们看到有些视频的文案很随意，点赞量却能达到百万，出现

这种情况，往往是因为账号粉丝有一定的量级。还有就是，那些文案看起来随意，其实却抓住了人们的兴趣点，也就是抓住了"爆点"。那么，我们写短视频文案时，怎样才能抓住"爆点"呢？

① 蹭热点。蹭热点是个老生常谈的话题，每个运营者都知道蹭热点，蹭热点可以在短时间内吸引非常高的流量，这是普通选题无法达到的。比如大家都在关注复仇者联盟的内容，我们的内容选题与此相关的话，就要尽量给视频的标题增加相关的词，吸引用户的注意力。

② 借用数据说话。带数字的短视频标题文案具有逻辑清晰的特点。用户能够轻松理解内容要点，使阅读更有效率。比如，"快速清除厨房污垢的 5 个方法"，这种标题能够让用户迅速理解视频内容包括 5 个部分。数字表达更具体、形象生动，容易激发读者兴趣。另外，引用数据还能提高内容的说服力，更容易获得大家的理解和认可。

③ 提出价值。在内容为王的时代，爆款短视频不再局限于某一个"爆点"带来的持续效应，而是内容朝着更有价值的方向打造。如果短视频不能满足用户相应的需求或者利益点，也就是说如果用户看到短视频觉得没有收获，他可能就会马上离开，根本不会看下面的内容。所以，我们可以在短视频标题文案中给出承诺，直接标明这个作品会给用户带来什么价值。

④ 表达鼓励。现在很多人生活得很艰辛，尤其是在外漂泊的年轻人。工作压力大，父母期望高，老板苛刻……来自方方面面的压力，让人们感觉焦虑困顿，这时候大家可能就需要"喝碗鸡汤"安慰自己。我们在短视频标题文案中，可以说一些安慰鼓励的话。

用户受到了鼓励，他们会点赞，如果受到了触动说不定还会在评论中留下自己的故事。用户对这个视频做的行为越多，这个视频被推荐的机会也就越大，成为爆款的概率也就越大。

简单地说，抓住"爆点"写文案，就是要通过文案引发用户的认同感，触动用户，引发用户的共鸣。短视频作为信息传播的新方式，充分吸收了其他媒体的特点，形成了独特的优势，成为集百家之长的新兴营销载体，是互联网生态链的重要一环。短视频的核心是内容，高质量的视频和优质文案相结合，才能有效地提高竞争力，让短视频在信息洪流中脱颖而出。